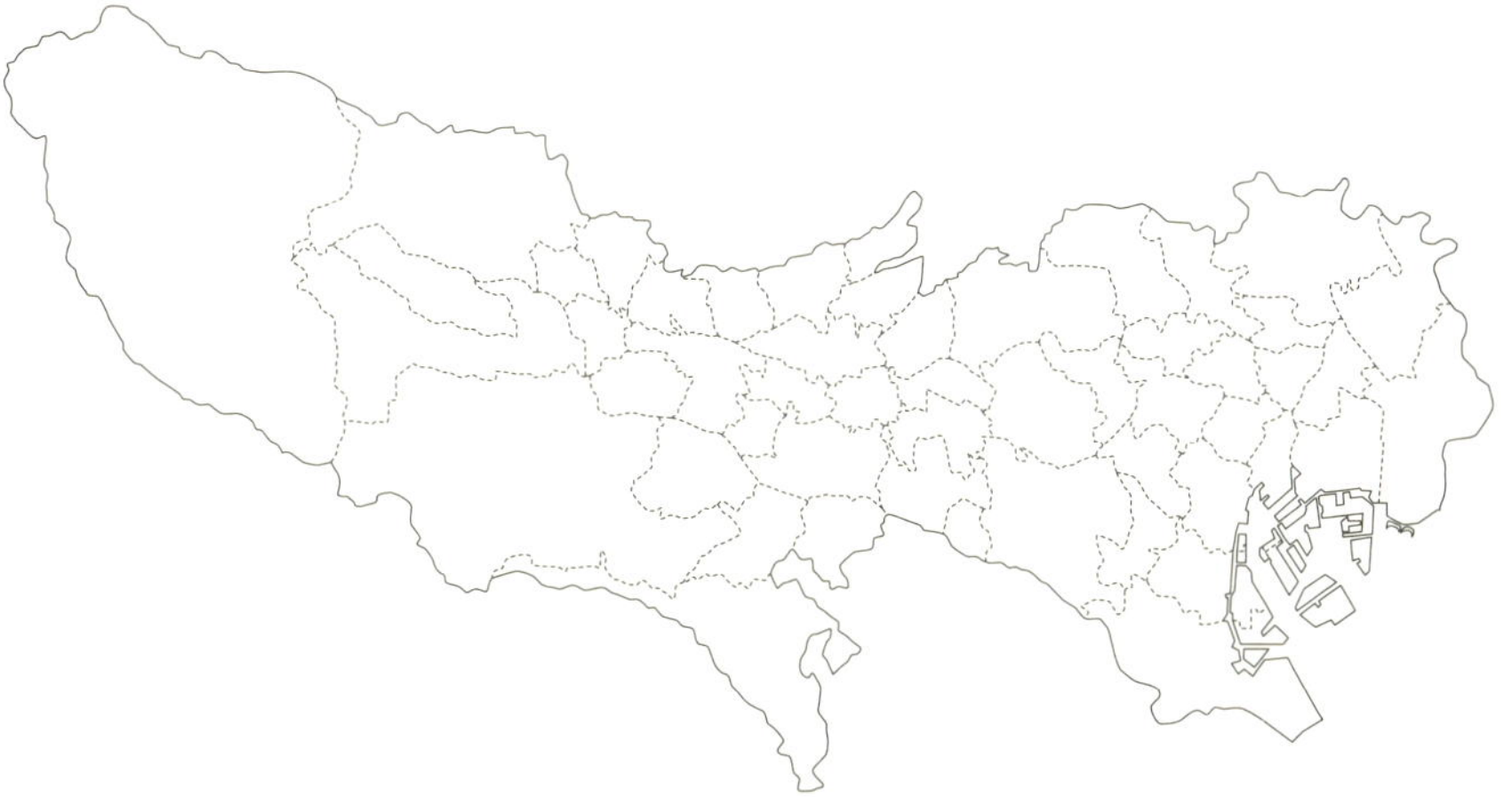

東京 上がる街・下がる街

鉄道・道路から読み解く巨大都市の未来

川辺謙一《Kawabe Kenichi》

草思社

はじめに

東京は不思議な都市だ。

この都市は、世界最大級の人口を誇るにもかかわらず未完成だ。都市にとって重要な社会基盤である市街地の道路（街路）は、計画の約6割しか完成しておらず、いつ完成するかもわからない。

しかも、この都市には、「上がる（繁栄する）街」と「下がる（衰退する）街」の両方が共存しており、時代とともに互いに入れ替わっている。「下がる街」が再開発されて「上がる街」になることはよくあるし、逆も起こる。ただ、スラムのように「下がり続ける街」は存在しない。だからこそ、現在まで発展し続けることができた。

おそらく、都市そのものが未完成であることが、発展の伸びしろとして機能し、「上がる街」と「下がる街」が絶えず入れ替わることを許容しているのだろう。

その不思議さゆえだろうか。それとも少子高齢化にともなう人口減少が東京でも現実味を帯びてきたからであろうか。近年は東京の将来像を予測した書籍が多数出版されている。これから住みたいと思う人が増える街はどこか。どの鉄道路線の沿線が「ブランド」または「トレンド」となっているか。人口が減ったとき、東京がどうなるか。どうすれば東京は持続的に発展できるのか。そうしたことは、これらの書籍に記されている。

しかし、人口移動のトレンドや沿線の人気ランキング変動は、街の盛衰の「結果」を示す指標にすぎず、その「原因」には必ずしも迫るものではない。

では、何が街の盛衰の運命に影響を与えるのか。その大きな要因に、「交通」の変化がある。

そこで本書では、さらに一歩踏み込むため、都市を支える「交通」に焦点を当て、その動向から「上がる街」と「下がる街」が入れ替わってきた原因を探るとともに、東京の将来像を展望した。「交通」は「人」や「モノ」の流れなので、それらが集まり、頻繁に行き交う場所は経済活動が盛んな「上がる街」となり、その逆が起きている場所は「下がる街」となる。となれば、都市における「交通」を分析することで、これまで明らかにされて来なかった都市としての特徴や将来像を浮かび上がらせることができるはずだ。

また、本書では、東京都23区の交通を担う3つの交通事業者（JR東日本・東京メトロ・首都高速道路〔首都高会社〕）の取締役にインタビュー取材をして、彼らがそれぞれ描く「交通の未来予想図」を聞かせてもらい、都市の特徴や将来像をより明らかにした。常に交通とふれている当事者の話を聞くことで、これまで書籍に記されてこなかった傾向を掘り起こすのが狙いだ。

本書は、5つの章から構成されている。

まず第1章では、東京という都市の特徴を探りながら、冒頭でふれた「上がる街」と「下がる街」が入れ替わる原因を探る。江戸が東京になってから都市改造を急いだ結果、交通インフラの整備がアンバランスになったり、都市そのものが未完成のままになっていることも本章でふれる。

第2章では、戦後と近年における東京とその交通の変化をそれぞれ振り返りながら、交通の変化が東京圏の人口移動にもたらした影響を分析する。「上がる街・下がる街」の傾向をざっくりと探る章だ。

第3章では、現在や将来における「上がる街・下がる街」を定量的に分析する。ここでは東京都や国立社会保障・人口問題研究所、運輸総合研究所が公表しているデータを紹介する。東京圏が郊外から衰退していることや、高齢化が急速に進んでいることは、この章でご理解いただけるであろう。

第4章では、交通事業者3社（JR東日本・東京メトロ・首都高会社）の取締役にインタビュー取材し、第3章のデータでは明確に示せない傾向に迫る。交通の「利用者」の立場ではふだん聞くことができない話だ。3社には、それぞれの沿線で利用者の増加率が高い「上がる街」トップ3を集計してもらった（表0－1）。

そして最後の第5章では、第1章から第4章までにふれたことをまとめ、東京の将来像を展望する。また、東京が抱える交通問題につい

順位	JR東日本	東京メトロ	首都高
1	武蔵小杉	新宿三丁目	空港西
2	大崎	西新宿	大井南
3	日暮里	豊洲	八潮

表0-1｜各沿線の上がる街トップ3

てもふれ、その解決方法についても考察する。

以上の章を順番に読んでいただければ、「交通」の視点から見える東京の将来像や、これから「上がる街・下がる街」のおおまかな傾向がおわかりいただけるであろう。

人間が都市で快適に暮らす上では「交通」が欠かせないので、「交通」を通せば、これまで見えなかった都市の傾向を探れるはずだ。

東京は、これから新たな局面を迎える。これまでは、おもに地方からの人口流入によって人口が増え続け、発展し続けることができたいっぽうで、今後は持続的な発展が難しくなる。地方の衰退によって流入する人口が減るだけでなく、少子化によって人口の自然増も減る。かつて地方から移動してきた若者は高齢者となり、都市全体の高齢化率を押し上げる。となれば、当然、人口は頭打ちになるどころか、減少に転じる。社会を支える生産年齢人口（15〜64歳）も減少し、都市機能の維持が困難になる。もし、東京がこうした状況に直面して「下がる都市」になれば、日本は「下がる国」になってしまう。では、どうすれば東京が「上がる都市」になるのか。今後も都市としての輝きを保ち続けることができるのか。そのために「交通」はどうあるべきなのか。本書がそれらを考える参考になれば幸いである。

2019年1月　川辺謙一

東京　上がる街・下がる街

目次

はじめに　3

第1章　「上がる街」と「下がる街」が入れ替わる都市＝東京　15

1.1　東京が巨大で未完成な理由　16
東京は世界屈指の巨大都市
東京は道路があまりに未発達・未完成？
鉄道偏重なのは鉄道が創った都市だから

1.2　近年の「上がる街・下がる街」の入れ替わりを追う　22
ランキングで見る人気の街の推移
鉄道の利便性が街の順位を変えた
「上がる街・下がる街」の入れ替わりで東京は発展する

第2章 交通から見る「いま東京で起きていること」 27

2.1 戦後の人口増加で交通インフラ整備が急務に 28
50年代の自動車急増で道路交通が逼迫
都市空間を二重・三重に利用する地下鉄と首都高

2.2 いま東京の人口に何が起きているか 34
ⓐ東京一極集中
ⓑ都心回帰の動き
ⓒ街の再開発
ⓓ少子高齢化と人口減少
ⓔ外国人の増加
ⓕ自治体間の競争の激化
ⓖ労働環境の変化
東京圏の人口分布はまだらに変動している

2.3 いま東京の鉄道になにが起きているか 50
もう開発すべき鉄道は少なく、沿線開発も飽和
21世紀の路線新設の影響を振り返る
複々線化による輸送力増強が進む
直通運転による乗り換え解消
着席サービスの導入が進む
街の再開発で駅利用者が急増し対応に追われる

2.4 いま東京の道路になにが起きているか 64
「3環状9放射」の整備が進み渋滞が減少
渋滞緩和に伴い高速バスが発達
物流と商業の拠点が郊外の環状道沿いに移転
都心と臨海部結ぶ環状2号の整備が進む

第3章 図で見る上がる街と下がる街 75

23区さえも消滅の危機に瀕す──人口増減地図
東京都以外の郊外の状況はより深刻
人口減少・高齢化の影響を鉄道はどう受けるか
道路の通行台数からの分析は少ない

第4章 交通事業者のリーダーに聞く「東京の将来」 83

4.1 直通運転が人々の行動と街を変えた JR東日本 84
東京圏JRの混雑率は30年で71ポイント減
湘南新宿ラインと上野東京ラインが混雑緩和に寄与
列車運行における今後の施策は3つ

利用者が増え続ける武蔵小杉駅への対応
高輪ゲートウェイ駅の新設と渋谷駅の改良
利用者数減少へどう備えるか
労働者不足にどう対応するか
ＪＲ東日本沿線の「上がる街」ベスト３

4.2 地下鉄大改造と駅の機能更新に尽力 東京メトロ 104

地下鉄整備で「上がる街」が都心から外側に広がった
遅延抑制・混雑緩和のための「地下鉄大改造」
東京の地下鉄は工事中も運休が許されない
都とともに進める地下鉄駅周辺の再開発
日比谷線に虎ノ門駅がなかった理由
銀座線渋谷駅の大改造で人の流れがまた変わる
都営線とのサービス一体化は着実に
働き方改革やモビリティ変革に脅威感じる
東京メトロ沿線の「上がる街」ベスト３

4.3 道路ネットワーク充実の効果に期待大 首都高 129
予想外の「上がる街」誕生で計画変更したことも
利用は増加中、短距離利用も増えている
依然として重要な都心環状線の機能
交通情報を充実、首都高の「使い方」を進化させる
人口減・カーシェア・働き方改革などの影響
深刻な労働者不足にどう対応するか
自動運転が実現すれば事故と渋滞が減る
3環状整備で首都高も街路もより使いやすくなる
首都高沿線の「上がる街」ベスト3

第5章 東京を「上がる都市」にするために

東京を「上がる都市」にするために 151
5.1 いま東京に求められることはなにか 152

持続的に発展する成熟都市となる方法
なぜ国際競争力を高める必要があるのか
都市の魅力を発信する
外国人が住みやすい環境を整える
24時間活動しやすい街をつくる
5.2 東京の交通に求められることはなにか 159
東京の交通に多く残る「利便性向上」の余地
高度情報化や少子高齢化などの「新時代への対応」
5.3 交通が変わることで東京も変わる 164
東京は交通の整備が遅れた都市である
交通の未完成さは将来への「伸びしろ」だ
謝辞 167
おもな参考文献と図版出典 169

第1章
「上がる街」と「下がる街」が入れ替わる都市＝東京

東京タワーと六本木ヒルズ

「はじめに」では、東京が未完成な都市であるだけでなく、「上がる（繁栄する）街」と「下がる（衰退する）街」の両方が共存しており、時代とともに互いに入れ替わっていることについてふれた。

本章では、そのことを少し掘り下げて説明しよう。

1・1 東京が巨大で未完成な理由

まずは、東京が未完成な都市になった理由を探ってみよう。

東京は世界屈指の巨大都市

東京は、言うまでもなく日本最大の都市であり、事実上の首都として機能している（写真1－1）。ここでわざわざ「事実上」としたのは、東京を首都と定めた法律が現在ないからではあるが、「東京＝首都」であることはもはや疑う余地がないほど定着している。

東京は人口密度がとくに高い都市であり、日本全体の人口に占める割合が大きい。東京都の人口は約1386万人（2018年11月推計）で、日本の人口のおよそ10分の1を占める。横浜などの周辺都市をふくめた都市圏（東京圏）の人口は約3800万人で、日本の人口の4分の1以上を占める。これらの数値からも、いかに人口が東京近辺に集中しているかご理解いただけるであろう。

日本に住んでいると気付きにくいが、東京は世界規模で見ても、とてつもない巨大都市である。

まず、人口が突出して多い。東京都23区の人口は約957万人（2018年）で、北米最大の都市であるニューヨーク（862万人）や、ヨーロッパ最大の都市であるロンドン（883万人）よりも多い。東京圏は、世界でもっとも人口が多い都市圏であり、第2位のジャカルタの都市圏（約3228万人）よりも人口が600万人近くも多い。

経済規模も大きい。都市の経済規模を示すGDP（域内総生産）は、東京が約1兆ドルで世界第1位であり、第2位のニューヨーク（約0・6兆ドル）を引き離している。これは、世界の1国あ

写真1-1｜日本最大の都市・東京（六本木ヒルズ・スカイデッキより）

たりのGDPのランキングにおける16位に相当する。

そう、世界でもっとも多くの人とカネが集まり、渦巻いている都市。それが世界屈指のメガシティ・TOKYOなのだ。

東京は道路があまりに未発達・未完成？

東京は、明治維新以降に都市改造を始めてからわずか150年ほどで急速に人口が増え、現在の姿になった（図1－1）。その人口は、明治時代初頭に100万人以下だったのに対して、いまでは23区だけでも900万人を超えている。

ここまで短期間で急速に人口が増えると、どこかに歪みが生じるのではないだろうか？

そう感じる人もいるだろう。

実際に東京は、短期間で近代化を図ったゆえに大きな歪みが生じており、それが交通の整備状況によく現れている。

東京は、交通に関しても不思議な都市だ。自動車で移動するのはきわめて不便なのに、鉄道で移動するにはすこぶる便利だ。東京には、まるで自動車交通を拒むかのような構造の道路網があるのに対して、世界でもっとも発達した鉄道網がある。これほど交通の整備状況がアンバランスな都市は、世界広しと言えど、珍しいだろう。

自動車での移動が不便なのは、都市規模が大きいわりに道路ネットワークが十分に整備されていないからだ。「はじめに」でもふれたように、東京の市街地の道路（街路）は計画の約6割しか完成していない。街路は、都市にとってもっとも重要で基礎的な社会基盤であるにもかかわらず、である。名古屋や大阪、ニューヨークやパリのように、街路ネットワークがすでに完成している都市から見れば、東京は未完成な都市であり、大きな欠陥がある都市なのだ。しかもいつ完成するか誰もわからない。

東京が未完成都市になったのは、都市計画がうまく進まなかったからだ。

都市計画を大きく進めるチャンスは二度あった。市街地の大部分が壊滅的な被害を受けた関東大震災（１９２３年）と東京大空襲（１９４５年）だ。東京都23区の前身である東京市は、関東大

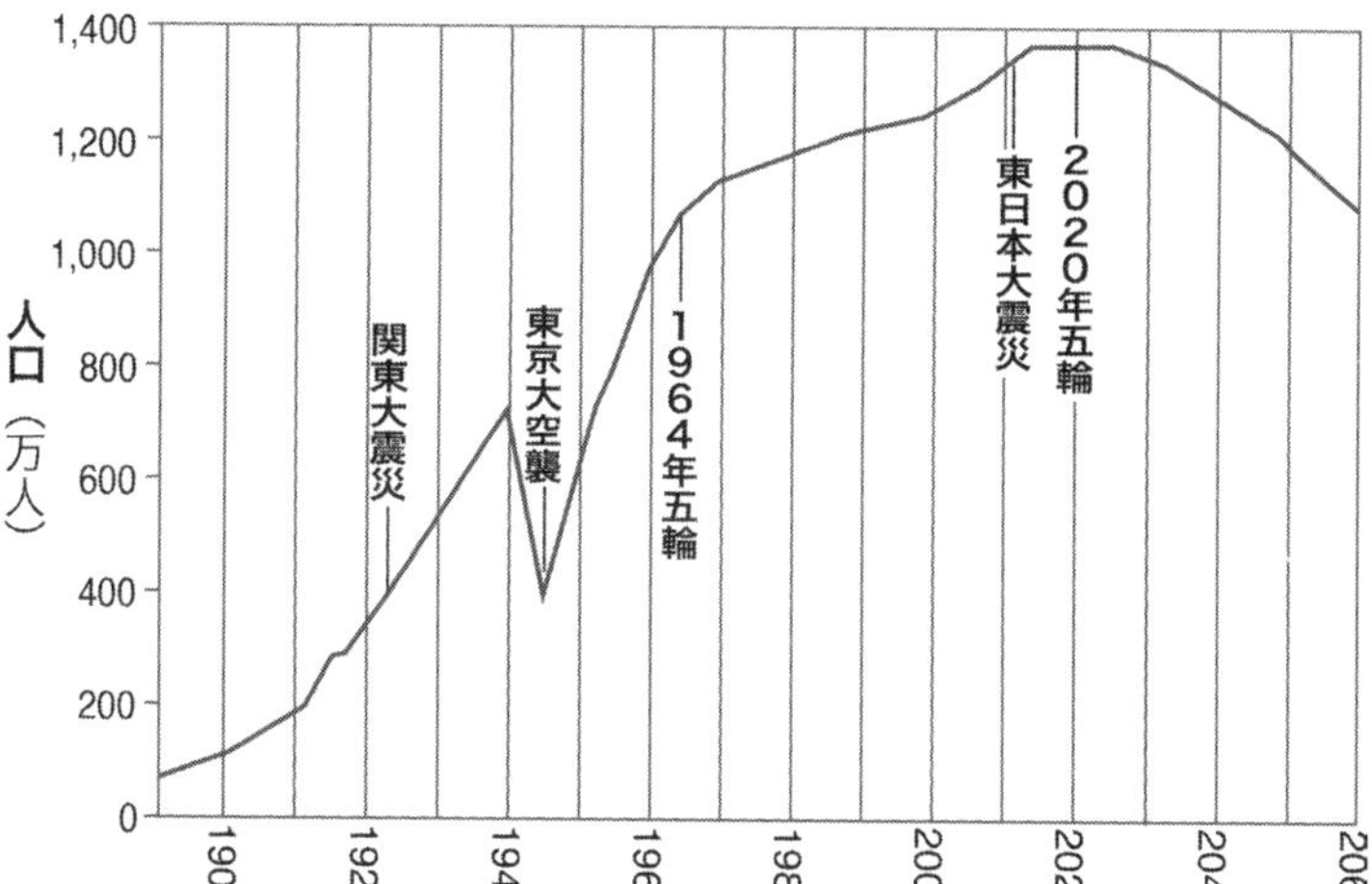

図1-1｜東京都の人口の推移。2018年以降は推計人口

震災を機に、大胆かつ大規模な都市計画を進めた。ロンドンなどをモデルにして都市のキャパシティを増やし、増え続ける人口を受け入れるだけでなく、放射線と環状線からなる系統的な街路網を整備し、社会基盤を整えようとした。また、その後発足した東京都は、東京大空襲を機に幅100mの街路などを整備する壮大な都市計画を進めようとした。

ところが、これらの試みは失敗に終わった。都市計画が住民に十分に理解されずに反対されたり、財政難に陥り、計画の縮小に追い込まれたりしたからだ。また、人口があまりにも早いペースで増え続け、市街地に建物が密集して急速に都市化が進んで、用地買収や区画整理が難航し、街路整備が遅々として進まなかったことも少なからず関係している。

つまり、二度の大きなチャンスがあったにもかかわらず、都市計画の挫折を繰り返したゆえに、東京はやむを得ず未完成都市になってしまったのだ。

世界最大級の人口を誇る巨大都市なのに、未完成。鉄道で移動するのはとても便利なのに、自動車で移動するのはあまりにも不便。なんともアンバランスな状況だが、それも東京という都市の大きな特徴なのだ。

鉄道偏重なのは鉄道が創った都市だから

では、なぜ東京ではこれほどまでに交通の整備状況がアンバランスになったのだろうか。

それは、明治時代から鉄道整備が優先的に進められてきたからだ。理由は単純で、道路を整備するよりも鉄道を整備した方が早く交通を近代化でき、封建都市・江戸を近代都市・東京に生まれ変わらせるうえで有利だったからだ。

この背景には、かつての日本の車両交通に対する考え方が、西洋と大きく異なっていたことが関係している。西洋では紀元前から舗装道路が整備され、馬車などによる車両交通が発達したのに対して、日本では長らく街道での車両の使用が禁じられ、道路もほとんどが未舗装で、車両交通が発達できなかった。とくに江戸は、防衛を重視する封建都市だったゆえに、見通しが悪い丁字路やクランクなど車両交通を拒む構造の道が整備された。つまり、西洋の主要都市が２０００年以上かけ

図1-2｜おもな街と鉄道・道路の関係。東京では鉄道が都市の骨格として機能している

て発達させてきた車両交通を、東京では明治維新以降のわずか150年程度で発達させようとした結果、江戸時代の車両交通を拒む構造が街路網に残ってしまったのだ。自動車で移動しにくいのは、このためだ。

東京では、街路網よりも鉄道網が発達したので、郊外に住み、都心の職場まで鉄道を使って通勤するという、職住分離のライフスタイルが早く定着した。それゆえ鉄道網とともに市街地が拡大し、駅を中心として商業地や住宅地などが形成されてきた。

つまり東京は、鉄道が創った都市と言っても過言ではないのだ。街路を整備してから発展してきた他の都市とは、この点が大きく異なる。

その証拠に、東京では、市街地を一周する山手線と、それを東西に貫く中央線が、人体における骨格のような重要な役割をしている（図1－2）。新宿駅の場所を誰かに伝えるときは、「明治通りと甲州街道の交点付近」と言うよりも、「山手線と中央線の交点」と言ったほうが伝わりやすい。東京では、それぐらい、鉄道が位置を示す基準となっているのだ。

1・2 近年の「上がる街・下がる街」の入れ替わりを追う

次に、東京には「上がる街」と「下がる街」の両方が共存しており、時代とともに互いに入れ替わっていることについて説明しておこう。

ランキングで見る人気の街の推移

「上がる街」に順位をつけたものに、「街のランキング」というものが存在する。その中でもよく知られているのが、リクルートの不動産情報サイトSUUMO（スーモ）の「住みたい街ランキング」であるが、『週刊東洋経済』や『週刊ダイヤモンド』などの経済誌もたびたび特集記事を組み、独自に算出したデータに基づく「街のランキング」を発表している。

こうした「街のランキング」は、地方から大都市圏に移り住む人や、大都市圏のなかで転居する人にとって参考になることがある。たとえば地方から初めて東京圏に転居する人ならば、知らない街における状況や傾向などを少しでも知りたいと思うので、気になるのは当然であろう。

ただし、「街のランキング」は時代とともに変化する。それは、SUUMOの「住みたい街ランキング（関東）」の2012年と2018年の第10位までの順位を見くらべるとよくわかる（表1－1）。たとえば2012年の順位では、東急沿線の街（横浜・自由が丘・二子玉川・代官山）や京王井の頭線沿線の街（吉祥寺・下北沢）などのように、若者に人気がある街や、ショッピングが楽しめる街が多くランクインしている。いっぽう2018年では、JR山手線沿線の街（恵比寿・品川・池袋・新宿・

目黒）のように、交通の利便性が高い街が多くランクインしている。これは、６年間にブランドよりも実用性を重んじる人が増えた結果とも考えられる。

経済誌のなかには、東京圏の主要駅の利用者数（乗車人員または乗降人員）の増減から街の盛衰を分析した記事を載せているものもあり、その分析結果も年ごとに変化している。

つまり、東京では「上がる街」が時代とともに変化しているのだ。

鉄道の利便性が街の順位を変えた

なぜ人々が住みたいと思う街が時代によってこれほど変化するのだろうか。

それにはさまざまな要因が考えられるが、ＳＵＭＯや経済誌が公開しているデータを見ると、鉄道の利便性の変化が順位に大きな影響を与えていることがわかる。

もう一度表１－１を見てみよう。武蔵小杉と目黒は、２０１２年にはともに10位以内にランクインしていないのに対して、２０１８年にはそれぞれ６位と８位になった。武蔵小杉ではＪＲ横須賀線が停車するようになり、目黒では東急目黒線が地下鉄（東京メトロ南北線・都営三田線）と相互直通運転を開始して、それぞれ鉄道の利便性が飛躍的に向上したので、人気が高まったと考えられる。

自由が丘と代官山は、東急東横線沿線にあり、２０１２年にはともに10位以内にランクインしていたのに対して、２０１８年にはランクインしなかった。これは、東急東横線が２０１３年に地下鉄

（東京メトロ副都心線）と相互直通運転を開始してから、人の流れが大きく変わったことが主な要因になったと考えられる。

つまり、東京圏では鉄道の利便性が変わるだけでも、街の人気度が大きく変化するのだ。それは、前節で述べた通り、東京が鉄道によって創られた都市であり、電車で自宅から職場に通勤する人の割合が多いからであろう。

「上がる街・下がる街」の入れ替わりで東京は発展する

東京では、「上がる街」と「下がる街」が常に激しく入れ替わっている。たとえば、かつては「上がる街」だった工業地帯が、産業の変化とともに衰退して「下がる街」になったり、逆にそれが再開発されて「上がる街」になったりすることは、東京では

	2012年		2018年	
順位	駅名	代表的な沿線名	駅名	代表的な沿線名
1	吉祥寺	JR 中央線	横浜	JR 京浜東北線
2	横浜	JR 京浜東北線	恵比寿	JR 山手線
3	自由が丘	東急東横線	吉祥寺	JR 中央線
4	鎌倉	JR 横須賀線	品川	JR 山手線
5	大宮	JR 京浜東北線	池袋	JR 山手線
6	下北沢	小田急線	武蔵小杉	東急東横線
7	新宿	JR 山手線	新宿	JR 山手線
8	二子玉川	東急田園都市線	目黒	JR 山手線
9	中野	JR 中央線	大宮	JR 京浜東北線
10	代官山	東急東横線	浦和	JR 京浜東北線

表1-1｜SUUMO「住みたい街ランキング（関東）」

よく起きている。

　また、東京にはスラムと呼ばれるような「下がり続ける街」がありそうでない。これも、東京の大きな特徴だ。もちろん、たとえば南千住のように、日雇い労働者が多く安価な宿泊施設が集まる街は存在するが、その近くには再開発によって誕生した超高層マンションが建っており、「下がる」どころか「上がって」いる。つまり、どの街も富裕層と貧困層が隣り合って住んでいるので、どちらかいっぽうだけが固まって住んでいる街がありそうでないのだ。

　それは、東京が未完成都市だからだと筆者は考える。完成していないゆえに発展の「伸びしろ」が残されているからこそ、「上がる街」と「下がる街」が激しく入れ替わることを許容する包容力が都市にあると考えられるからだ。

第2章 交通から見る「いま東京で起きていること」

東海道新幹線とゆりかもめと首都高・都心環状線

本章では、東京の将来像を探るための第一歩として、東京とその交通におけるこれまでの変化と、いま起きている変化をあらためて振り返ってみよう。

2・1 戦後の人口増加で交通インフラ整備が急務に

まずは、これまでの変化として、戦後に起きた大きな変化についてふれておこう。これは、東京で地下鉄や首都高速道路（首都高）が整備された背景を知るうえで必要だからだ。

50年代の自動車急増で道路交通が逼迫

東京では、戦後に大きな都市改造が行われた。社会全体に大きな変化が到来し、既存の都市構造では都市機能を維持できなくなったからだ。

その大きな要因になったのは、人口の急激な増加と、欧米よりも遅れてやってきた自動車社会の大きな波の到来だ。高度経済成長期の初頭にあたる１９５０年代後半には、東京都で、人口が毎年約30万人ずつ増え、自動車保有台数が毎年約４万台ずつ増えた（図２－１）。

これによって東京という都市の交通処理能力が著しく不足することになった。既存の鉄道や路面電車（都電）は、利用者の急増によって混雑が激しくなり、輸送力が慢性的に不足する事態となった。また、未完成で貧弱だった街路網に多くの自動車が押し寄せた結果、渋滞が頻発し、道路交通が麻痺しそうになった（写真2－1）。それゆえ、救急車や消防車などの緊急車両の通行が困難になり、都民生活の安全を守ることが難しくなった。

つまり、都市のキャパシティを超える人口と自動車交通を受け入れることになり、都市機能の維持が難しくなったのだ。人口と自動車保有台数がさらに増えれば、都市が破綻する恐れもあった。

とはいえ、鉄道や街路を新たに整備することは容易ではなかった。人口の増加にともなって

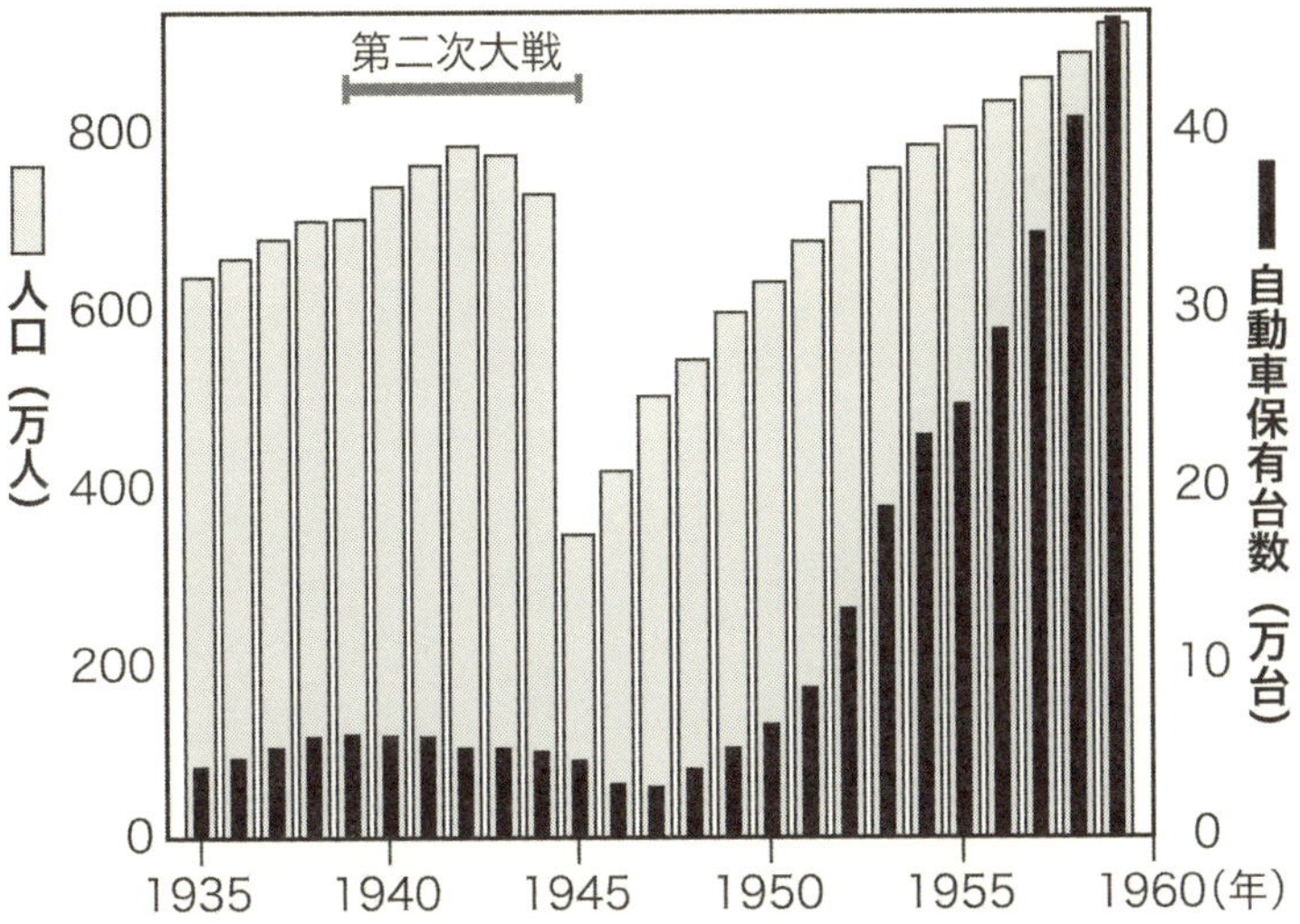

図2-1｜東京都の人口と自動車保有台数

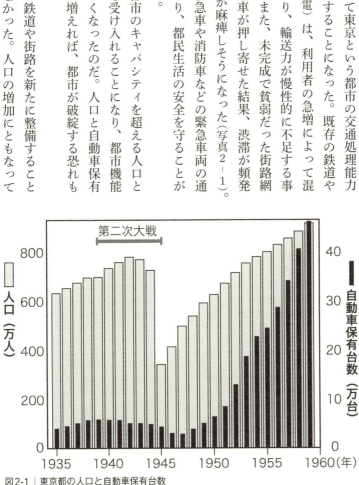

市街地に建物が密集し、新しい鉄道や街路を建設するための用地の確保がますます難しくなったからだ。

そこで東京では、交通インフラの整備をはじめとする大規模な都市改造が行われた。その狙いは、都市のキャパシティを増やし、これから増え続ける人口と自動車保有台数に対応することだった。１９６４年に東京で開催されたオリンピックは、都市改造を短期間で進めるうえでの追い風となった。

都市空間を二重・三重に利用する地下鉄と首都高

このとき東京で整備された交通インフラが、地下鉄と首都高だ。

地下鉄と首都高は、都市空間を立体的に利用して整備された。地下鉄はおもに既存の街路の下、首都高は既存の街路の上や、水路などの空間を利用して

写真2-1｜混乱する道路交通（1950年代・東京）

建設された。つまり、都市にある公共の土地をフルに活用して、新たに確保する用地の面積を減らすことで、短期間で整備したのだ。

たとえば六本木交差点付近では、街路（六本木通り）の真上に首都高（3号渋谷線）の高架橋があり、真下に地下鉄（日比谷線）のトンネルがある（図2−2）。ここは、街路を拡幅したあとに首都高と地下鉄をほぼ同時に整備した場所であり、首都高・街路・地下鉄が上下3層構造となっている。このような構造は、上野駅前や秋葉原駅前にも存在する。

地下鉄と首都高は、東京全体の交通処理能力を高めるうえで大きな役割を果たした。どちらも既存の鉄道や街路

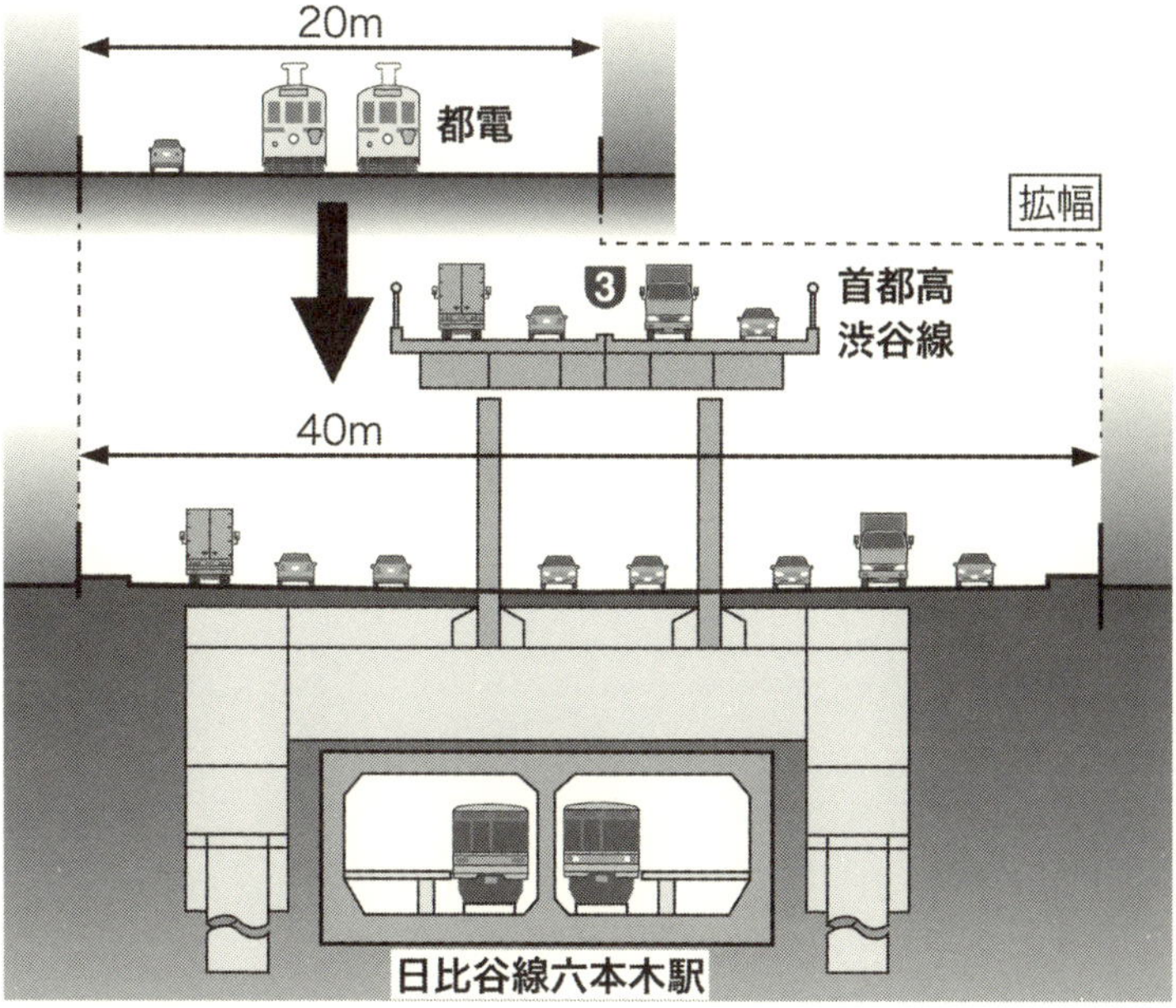

図2-2｜六本木交差点付近の変化

と立体交差するので、踏切や交差点がなく、列車や自動車がスムーズに通行できる構造になっていたからだ。都電よりも輸送力がある地下鉄は、おもに山手線の内側で整備され、既存の鉄道の混雑緩和や所要時間の短縮を実現した。また、既存の鉄道と相互直通運転（相互乗り入れ）することによって、ターミナル駅の混雑緩和と所要時間の短縮を実現した。いっぽう、首都高は、自動車がノンストップで通行することを可能にし、所要時間の短縮を図っただけでなく、街路の交通処理能力の不足分を補う役割を果たした。

結果的に地下鉄は、都電のネットワークをほぼ踏襲するように整備され、東京に欠かせない足となった（図2－3）。その代わり、都電は徐々に姿を消し、現存する都電荒川線を除いて全廃された。街路の路面の一部を占有していた都電が消えたことは、街路の車線数を増やすことにもつながった。

いっぽう首都高は、日本全国に張り巡らされた都市間高速道路ネットワークとつながり、都市内だけでなく、東京と全国の都市を結ぶ動脈として機能するようになった。

現在、23区では、地下鉄と首都高の整備が一段落しており、路線の延伸や新設の工事は実施されていない。もちろん、それらの延伸や新設を行う構想はいまも存在するし、23区の西側ではＮＥＸＣＯ２社が外環道を建設しているが、半世紀以上前から進められた交通インフラ整備はようやく完成の域に近づきつつあると言えるだろう。

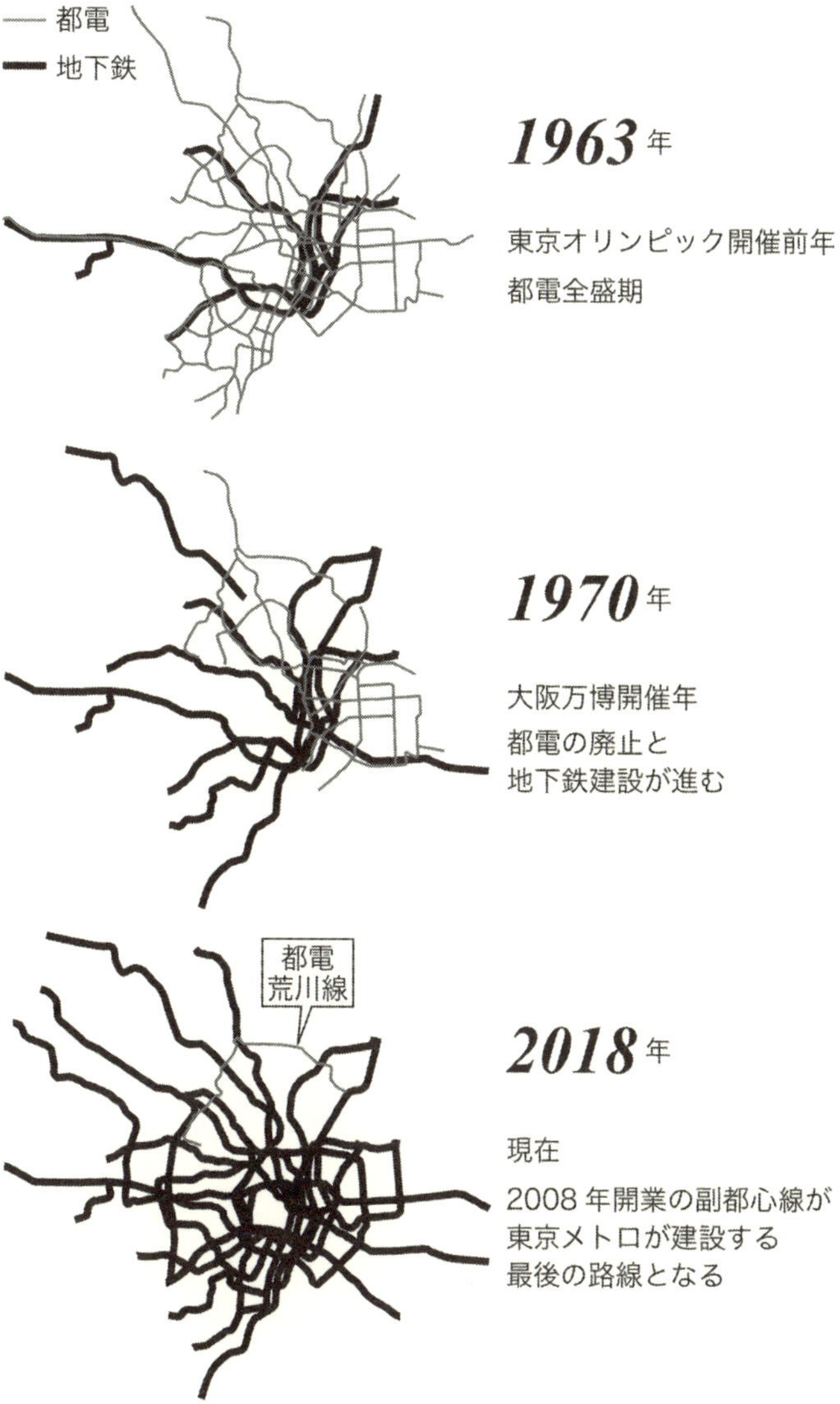

図2-3｜都電と地下鉄の路線網の変化

2・2 いま東京の人口に何が起きているか

次に、東京の人口にいま起きていることと、東京の交通でいま起きていることに着目してみよう。本節で扱うのは、東京の人口に近年起きていることだ。

現在の東京では、高度経済成長期になかった次のような変化が起きており、人口分布が変化している。

ⓐ東京一極集中
ⓑ都心回帰の動き
ⓒ街の再開発
ⓓ少子高齢化と人口減少
ⓔ外国人の増加
ⓕ自治体間の競争の激化
ⓖ労働環境の変化

順番に説明していこう。

ⓐ東京一極集中

これは、国内で東京のみに人口が集中するという傾向で、1980年代から見られるようになった。人口が200万人を超える大都市は東京以外にも名古屋や大阪などがあるのに、なぜいま東京だけに人口が集中するのか。そうなった経緯をざっくりと説明しよう。

日本では、オイルショックが起こる1970年代中頃まで、人口が3大都市圏（東京圏・名古屋圏・大阪圏）に集まる傾向があった。高度経済成長期には、製造業を中心として経済成長を遂げたので、工場が集まる3大都市圏で深刻な人手不足が生じ、地方から人口が流入したからだ。これによって3大都市圏の人口が増加したいっぽうで、地方の人口は減少し、過疎化が大きな問題となった。

そこで政府は、大都市圏での工場の立地を抑制し、地方に工場を設けることで、人口を地方に戻そうとした。地方の雇用を生み出すことで、過疎化に歯止めをかけるのが狙いだった。

ところがオイルショックが起こると、日本では高度経済成長期は終わり、低成長の時代へと移行した。また、サービス業が成長するとともに、グローバル化の波が押し寄せた。

すると、東京圏のみに人口が集中する東京一極集中が見られるようになった。東京圏では金融業や情報通信産業などのサービス業やグローバルなビジネスを手がける業種が集中し、それが大きな雇用を生み出したからだ。もちろん、バブル期には名古屋圏や大阪圏でも人口の増加が見られたものの、バブル崩壊後の1990年代後半以降は東京圏への人口の集中がますます顕著になった。

その大きな要因になっているのが、若年層の人口移動だ。東京が持つ、日本全国から若者を吸い寄せる「磁石」のような力の源は就学・就労の機会の多さにある。つまり、大学進学や就職を機に若年層が地方から東京に集まり、そのまま住み続けたことが、東京の人口を押し上げてきたのだ。

就学・就労の機会が多いのは、東京圏に大学や企業の本社が集中しているからだ。日本には、2017年時点で大学が764校あり、その3分の1以上にあたる269校が1都3県（東京都・神奈川県・千葉県・埼玉県）にある。このため全国の大学生の約4割が東京圏に集中している。また、日本における資本金が50億円以上の大企業の約6割が東京圏に本社を置いており、近年成長が著しいソフトウェア業の従事者の61％は東京圏に集中している。

しかも東京には、近県からだけでなく、日本全国から若者が集まる傾向がある。たとえば名古屋圏の大学にはおもに東海3県（愛知・岐阜・三重）から、大阪圏の大学にはおもに西日本から学生が集まるのに対して、東京圏の大学には全国から学生が集まる。また、東京圏の企業の中には、圏内で十分な社員が集まらず、九州や東北、北海道の高校・大学から積極的に社員を集めているところもある。

また、いったん東京圏に住んだ若者は、そのまま東京圏に住み続ける傾向も見られる。もちろん、「Uターン就職」などで故郷に戻る人もいるが、若年層全体から見れば一部にすぎない。

いっぽう、東京一極集中によって生じるリスクはおもに2つある。災害と超高齢化だ。

災害は、多くの人々の生活を守るだけでなく、国としての機能を維持するうえで大きなリスクとなる。もし東京圏で首都直下地震などの大きな災害が起これば、同圏に住む人々の生活だけでなく、国の中枢機関にも影響がおよび、日本全体の国民生活を守るのが難しくなる。それゆえ、人口だけでなく、国の中枢機関が東京圏に集中しすぎる状況は、国全体にとって好ましくない。

超高齢化は、日本経済が成り立たなくなる要因になりうる。東京圏で超高齢化が進む理由はこのあとのⓓで述べるが、人口が多い団塊世代の全員が75歳以上の後期高齢者になる2025年には、それを支えてきた団塊ジュニア世代が働き盛りの40、50代を迎える。それゆえ、地方から出て来た団塊ジュニア世代が、地方に住む親世代の介護で離職し地方に移住せざるを得ない状況になれば、同時に働き盛りの人の多くが東京圏の経済活動から離脱せざるを得なくなり、日本経済全体に大きな影響をおよぼす。

つまり、東京一極集中は、東京圏以外の地域を衰退させるだけでなく、東京圏そのものや日本全体を危機的状況に陥れる要因になりうるのだ。

そこで政府は、若年層を中心とした人口移動の流れを変えるため、さまざまな政策を施してきたが、東京一極集中は止まる気配がなく、現在まで続いている。

つまり近年は、日本の大都市の中で、東京の一人勝ちの状況が顕著となっているのだ。

ⓑ都心回帰の動き

これは、都心に住む人が増えていることを指す。高度経済成長期とは逆の現象だ。高度経済成長期は、郊外に住む人が増える傾向があった。地方から東京へと多くの人口が移動した結果、都心における地価などの不動産価格が高騰し、自動車の排ガスなどによる大気汚染が起こり、住環境が悪化した。そこで、良好な住環境を求めて郊外に住み、都心に通勤するという、職住分離のライフスタイルが定着した。これは、いわゆる団塊世代を中心とした世代がマイホームを求めて郊外の住宅地に移り住んだことも少なからず関係している。

いっぽう現在は、これとは逆に都心に住む人が増えている。バブル崩壊によって都心における不動産価格の高騰が収まり、１９９７年の建築基準法の改定による規制緩和で、容積率の高い超高層マンションの建設が可能になった。これによって、タワーマンションが多く造られ、分譲価格や家賃が下がり、一般の会社員でも手が届く適度な価格になった物件が増えた。また、自動車の排ガス規制などによって大気汚染の問題が緩和し、都心の住環境が改善した。これによって、オフィスの近くに住むという職住近接のライフスタイルを選ぶ人が増えてきた。これは、団塊ジュニア世代の多くが団塊世代ほどマイホームを持つことに固執せず、合理的な場所に住むことを選択した結果とも言える。

このような世代間のライフスタイルのちがいが、郊外での高齢化率上昇の原因となっている。つまり、団塊世代が郊外にそのまま住み続けるのに対して、その子供の団塊ジュニア世代は都心に住むようになったことで、郊外に住む若い世代が減り、全般的に高齢化率が高くなっているのだ。

ⓒ街の再開発

現在、23区内の主要な街で再開発が進められていることは、前述した都心回帰の動きとも大きく関係している。再開発によってオフィスとレジデンス（住居）が入居する超高層ビルが建ち並ぶ街が数々生まれており、職住近接のライフスタイルが定着しつつあるからだ。

ここではおもな例として、渋谷・虎ノ門・品川で進められている再開発を紹介しよう。

渋谷では、乗り換えが不便だった渋谷駅の大改造とともに、その周辺の再開発が進められており、街の風景が刻々と変化している。再開発は２０２７年まで続く見通しで、これまでなかった超高層ビルが今後次々と誕生する。こうした超高層ビルには、オフィスやホテル、レジデンス、ライブハウス、教会などが入居する予定だ。

渋谷は、ＩＴとエンターテインメントの街として発展することが期待されている（写真２－２）。ここはもともとＩＴ企業が集まる街であることから、「シリコンバレー」ならぬ「ビットバレー（渋谷の英訳）」とも呼ばれており、近く大手ＩＴ企業であるグーグルが六本木から移転すると、さらにＩＴの街として発展すると考えられる。また、もともとライブハウスが多く、エンターテインメントの街として発展してきたゆえに、渋谷の再開発を進めている東急グループが、「エンターテインメントシティＳＨＩＢＵＹＡ」を創ることに意欲を示している。

虎ノ門は、もともと霞が関の官庁に近いオフィス街として発展してきたが、いまは国際的ビジネス拠点へと変貌している。これは、オフィスビルの多くが更新時期を迎えたのを機に大規模な再開発を進めているからであり、２０１４年に開業した虎ノ門ヒルズを中心として、街全体が変わろうとしているからだ。

虎ノ門の交通の便も、今後改善される。虎ノ門ヒルズの近くには、東京メトロ日比谷線の新駅「虎ノ門ヒルズ駅」や虎ノ門バスターミナルができ、すでに国際的ビジネス拠点となっている六本木だけでなく、成田空港や羽田空港、そして東京駅や臨海副都心にアクセスしやすくな

写真2-2｜渋谷の将来像を示す立体模型（渋谷ヒカリエ）

る。

品川では、ＪＲの車庫跡地を利用して、新しい街が生まれようとしている。この街は、ＪＲの品川－田町間にできる新駅「高輪ゲートウェイ駅」を中心としたもので、オフィスやレジデンス、インタナショナル・スクールなどが入居する超高層ビルが複数建設され、外国人でも住み、働きやすい環境が整えられる。

なお、虎ノ門と品川は、ともに国家戦略特区に指定されており、国際的ビジネス拠点として機能することが期待されている。

ⓓ少子高齢化と人口減少

これらは、おもに地方の問題と思われがちであるが、東京でもすでに顕在化している。

たとえば東京都豊島区は、巨大ターミナル駅である池袋駅があるゆえに、人口減少とは無縁であるかのように思える自治体であるが、２０１４年に23区で唯一「消滅可能性都市」に指定されたことがある。「消滅可能性都市」とは、２０１０年から２０４０年までの30年間に若年女性（20～39歳）が50％以上減少すると推計された自治体のことであり、民間のシンクタンクである日本創成会議が「人口の再生産・維持が困難になり、将来存続が危ぶまれる」自治体に対して位置付けているものだ。

幸い、その後の豊島区の努力もあり、同区の出生率が増え、人口が増加に転じたが、人口が集中する23区でも消滅する可能性がある自治体があることは、大きな衝撃を持って受け止められた。

視点を東京から東京圏に広げると、深刻な人口減少に直面している自治体がある。

たとえば神奈川県横須賀市は、かつて軍港として栄え、バブル期までは工業でも栄えた自治体であるが、近年は住民の高齢化や工場の閉鎖が相次ぎ、同県内でもっとも人口が減少した自治体となっている。２０１４年の総務省「住民基本台帳人口移動報告」では、転出超過が全国でワースト１になった。つまり、人口がもっとも流出する自治体となってしまったのだ。海沿いの町ではあるが、平地が少ないうえに地形の起伏が激しく、道路も幅が狭くて生活がしにくいことが、敬遠される大きな要因になった。なお、急斜面が多い地域ではその住みづらさから人口が減少し、「限界集落」になった地域もある。「限界集落」は、65歳以上の高齢者が人口の50％を超える地域のことだ。

いっぽう東京でさえも都市機能を維持できなくなるという予測もある。

東京都は、人口や人口ピラミッドの推移、そして65歳以上の高齢者の割合（高齢化率）から、人口が次のように推移すると予想している。

東京都全体の人口は、東日本大震災以降の転入者の増加もあり、近年は微増傾向にあるが、２０２５年には減少に転じる（図２－４）。この２０２５年は、人口が多い団塊世代がすべて75歳以上となる年であり、死亡率が出生率を上回る自然減の影響が大きくなりはじめる年と考えられている。

２０３０年には、約４人に１人が高齢者となり、23区の人口がピークを迎える。

２０４０年には、約３人に１人が高齢者となり、人口が多い団塊ジュニア世代が高齢者の仲間入りをする。

これだけ高齢者の割合が大きくなると、現役世代（15～64歳の生産年齢人口）の割合が小さくなり、都市機能の維持が難しくなる。都市を支えるさまざまな社会基盤や都民サービスの維持が困難になるからだ。

つまり、東京一極集中で人口が集まるようになっても、東京全体が地域を維持できなくなる「限界集落」になってしまう恐れがあるのだ。

そこで東京都は、現在２０４０年代までを見越した都市計画を進めている。都市の高齢化が危機的な状況に陥る前に、先手を打って対策をしているのだ。

こうした問題の大きな原因になっているのが、転入者の減少だ。東京は、出生率が全国平均よりも低い代わりに、地方から若年層の人口の転入があり、常に「若さ」を保ってきた。ところ

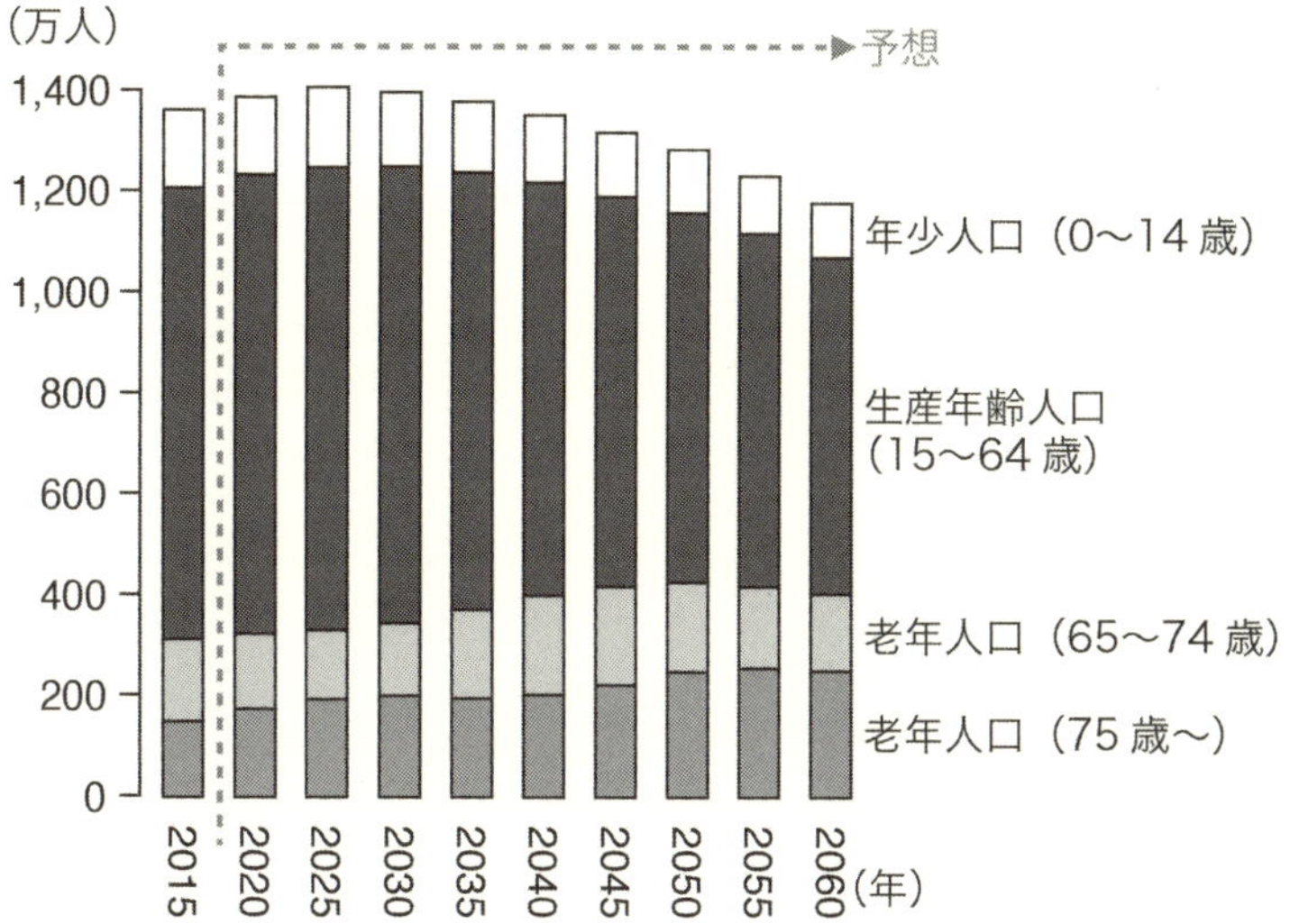

図2-4｜東京都の年齢階級別人口の推移

が今後は、少子化にともない地方からの若い転入者が減るので、「若さ」を保てなくなる。

産経新聞社論説委員の河合雅司氏は、著書『未来の年表』（2017年、講談社現代新書）で、激減する若者に代わって東京に流入するのは「地方のひとり暮らしの高齢者」であると述べ、「80代になった親が、東京圏に住む40～50代の息子や娘を頼って、同居や近居を選ぶケースはすでに目立っている」と記している。このような高齢者がどの程度増えているかをデータで示すのは難しいが、東京圏に団塊ジュニア世代が多く集まっている現状から考えると、そのような例が増えていても不思議ではない。

ⓔ外国人の増加

東京では、観光で訪れる外国人だけでなく、住む外国人も増えている。

東京を観光で訪れる外国人観光客数は、東日本大震災があった2011年以降、増加傾向にあり、2017年には1377万人となった。これは、2011年（410万人）の3倍以上にあたり、同年の訪日外国人旅行者数（2869万人）の半分近くを占めている。日本を訪れるなら、まずは東京に行くという外国人が多いのだろう。

その影響もあるのだろう、いまでは東京に住む外国人も増えている。東京都全体で見ると、外国人の人口は2009年に40万人を突破し、2018年には50万人を突破した。23区では45・3万人の外国人が住んでおり、全人口の4・7%を占めている（2018年7月時点）。

23区でもっとも外国人が多い区は新宿区だ。住んでいる外国人は4・3万人（23区全体の1割弱）で、同区の全人口（34・7万人）の12・4%を占めている。

いっぽう港区は、大使館や外資系企業が集中しており、外国人が多く住んでいるイメージがある。実際に2010年には新宿区に次いで2番目に外国人の比率が多い区だった。

ところが現在の港区は、外国人人口の多さでは23区中11位で、外国人の比率の高さでは4位だ。他の区で外国人の人口が大幅に増えた結果だ。

現在、新宿区に次いで外国人人口が多い区は、江戸川区だ。外国人人口は3・4万人で、その1割強をインド人が占めている。23区でもっともインド人の人口が多い区であり、その人口は東京メトロ東西線の西葛西駅付近に集中している。

江戸川区では、2000年直前からインド人が増えた。コンピュータが誤作動を起こす「2000年問題」に対応するため、多くのIT関連の技術者がインドから来日し、おもに江戸川区に住むようになったのがきっかけだ。

それはインド人にとって住むための好条件がそろっていたからだ。まず、交通の便が良く、東京メトロ東西線を利用すれば金融街がある日本橋や、インド大使館がある九段下にも乗り換えなしで行くことができる。都心と比べると家賃が安く、保証人などが不要で外国人が住みやすいUR賃貸住宅が多い。近年はインド人向けの料理店や食材店、寺院、インタナショナル・スクールなどが建ち並ぶようになった。それゆえ、いまではインド人街と言えるほどインド人が多い地域ができあがった。

いっぽう、郊外に目を向けてみても、外国人が増えている街が存在する。

その代表例である埼玉県南部の西川口には、「西川口チャイナタウン」と呼ばれる地域があり、多くの中国人が住んでいる。ここにはJR京浜東北線の西川口駅や蕨《わらび》駅があり、都心に30分程度で通勤できる。外国人も住みやすいUR賃貸住宅もあり、中国人向けの料理店などもある。

こうした外国人の動きはかつてなかったので、注目に値する。

ⓕ自治体間の競争の激化

これは、自治体どうしによる人口の奪い合いのことだ。今後は先述した少子高齢化と人口減少によって、どの自治体も都市機能の維持が難しくなるので、各自治体が社会増や自然増による人口増加を目指し、競争し合うようになる。この社会増とは、人口の流入から流出を差し引いた増加、自然増とは出生者数から死亡者数を差し引いた増加を指す。

つまり、東京や東京圏全体がほぼ均等に発展できた時代はすでに終わり、各自治体が生き残りをかけて人を集め、増やさなければならない時代になっているのだ。

そのような競争があるなか、代表的な成功例とされているのが千葉県流山市だ。

流山市の人口の増え方は、全国から注目されている。同市の人口増加率は、2013年度から5年連続同県で第1位であり、2017年度には全国791市中でも第1位となった。全国の77％の自治体が人口減少に悩むなか、流山市の人口の増え続け方は際立っている。

流山市の人口が増えた大きな要因は、2005年に新しい鉄道（つくばエクスプレス、写真2−3）が開業し、都心へのアクセスが飛躍的に改善したことが挙げられるが、たんに通勤に便利な住宅地を提供しただけではない。「都心から一番近い森のまち」を目指して緑豊かな住環境を整えるだけでなく、保育園の質を高め、子育て世代の支援も行っている。それゆえ、同市の出生率は全国平均（1・44）より多い1・57に達した（2016年）。つまり、人口の社会増と自然増の両方を実現することで、市全体で人

写真2-3｜2005年に開業したつくばエクスプレス。沿線開発と同時並行で整備された

口を増やすことに成功したのだ。

ⓖ労働環境の変化

これは、政府が推進する働き方改革によるものだ。具体的に言うと、残業時間を減らすだけでなく、在宅勤務をふくむテレワークを導入したり、郊外にサテライトオフィスを設けることで、都心のオフィスに通勤する人を減らし、長期間労働や長時間通勤が常態化した労働環境を改善する制度だ。インターネットを駆使したICTが発達したからこそ導入が可能になった。

テレワークやサテライトオフィスの導入は、大手企業を中心にすでに進んでいる。実際に東京圏でも、週2〜3日の在宅勤務を社員に命じたり、郊外にサテライトオフィスを設けている企業はすでに存在する。たとえば多摩ニュータウンや千葉市幕張新都心などには、複数の企業のサテライトオフィスが入居したビルが存在する。

社員の労働環境を改善するため、本社機能を郊外に移す企業も存在する。たとえば大手IT企業の楽天は、渋谷から10㎞ほど西側にある二子玉川に本社を設けている。この本社は、東急二子玉川駅の東側に広がる再開発地区（二子玉川ライズ）にあり、ショッピングセンターやタワーマンション、公園に隣接しており、職住近接のライフスタイルが定着するように工夫されている。

こうした取り組みは、労働者にとっては大きなメリットがあるいっぽうで、通勤者を輸送する交通事業者にとっては、利用者が減ることにつながり、デメリットになる可能性がある。

東京圏の人口分布はまだらに変動している

ここまで紹介したⓐ〜ⓖの要因があるため、近年東京や東京圏の人口分布に変化が生じている。つまり、高度経済成長期やバブル期までは東京圏全体で人口が増える傾向があり、それぞれの自治体が繁栄できた、すなわち「上がる街」になれたのに対して、近年は人口分布に偏りが生じ、「上がる街」と「下がる街」が明白にできてきたのだ。たとえば、先ほど紹介した千葉県流山市と神奈川県横須賀市は、どちらも東京や横浜に通勤しやすい場所であるにもかかわらず、人口の増減では大きな差が生じている。

人々が住む場所を決める理由も変わってきた。これまでの東京圏では、都心までの通勤時間や地価、マンション価格など、数値で表せるもので住む場所を選ぶ人が多かった。いっぽう近年は、住みやすさや子育てのしやすさ、老後の過ごしやすさなど、数値では表せないもので住む場所を選ぶ人が増えてきた。そういう意味では、住む場所の選び方が一層難しい時代になったとも言える。

また、外国人の流入による人口分布の変化も見逃せなくなってきた。かつては外国人の人口が非常に少なかったので、基本的に日本国籍の人口の移動だけで人口分布の変化を考えることができた。ところがいまは外国籍の人口そのものが増え、その移動が人口分布に大きな影響を与えるようになった。近年外国人人口が増加傾向であることを考えれば、外国人の流入による人口分布の変化がさらに大きなものになるであろう。

2・3 いま東京の鉄道になにが起きているか

次に、最近交通で起きていることとして、まずは鉄道における近年の変化について見ていこう。

もう開発すべき鉄道は少なく、沿線開発も飽和

現在東京圏では、鉄道網と沿線開発がともにほぼ飽和状態に達している。第1章でもふれたように、東京は「鉄道が創った都市」と言えるほど鉄道に依存した土地開発が行われ、鉄道の新設や延伸とともに市街地が拡大してきた歴史がある。ところが近年は、その動きが一段落している。

鉄道網は、完成に近い域に達している。東京圏では高度経済成長期から既存の鉄道の混雑の救済や土地開発を目的とした鉄道の新設や延伸が次々と実施されてきたが、いまではその動きも一段落している。もちろん、新たな鉄道を整備する構想そのものは現在も複数存在するが、2018年12

月時点では、整備が進められているのは、横浜市内で進められている相鉄・東急直通線と相鉄・JR直通線のみであり、その後整備される鉄道も決まっていない。

土地開発も落ち着いている。もちろん、つくばエクスプレスや北総鉄道の沿線、そして大型ショッピングセンターの進出で便利になった埼玉県越谷市のように、開発の余地が残っている場所は存在するが、東京圏全体で見ると沿線開発は終わりかけており、沿線の人口増加も多くの自治体で頭打ちとなっている。

郊外では、鉄道利用者数の減少に歯止めがかからなくなり、鉄道の維持が徐々に難しくなっている地域が存在する。先ほど紹介した都心回帰の動きがあり、郊外の沿線から人口が減り、市街地全体が縮小しているからだ。つまり、鉄道網がそのまま残り、人口が郊外から都心へと流出する動きがあり、鉄道を運営する鉄道事業者としては頭が痛い状況がもう始まっているのだ。

このため、各鉄道事業者は、生き残りをかけて輸送力増強による混雑緩和や、サービスの改善に取り組んでいる。

21世紀の路線新設の影響を振り返る

次に、21世紀における路線の新設とその効果を振り返っておこう。ここではその代表例として、つくばエクスプレスと東京メトロ副都心線、成田スカイアクセス線についてふれることにする（図

2−5）。なお、執筆時点で整備中の相鉄・JR直通線と相鉄・東急直通線は、ともに距離が短い連絡線なので、ここでの紹介は割愛させていただく。相鉄・JR直通線については、第4章でふれる。

つくばエクスプレスは、JR常磐線の混雑緩和と沿線の地域開発を目的として整備された鉄道で、2005年に秋葉原−つくば間（58・3㎞）が開業した。これは、都心と筑波研究学園都市を結ぶだけでなく、東京圏の住宅地を増やす目的で整備された鉄道でもあり、大都市圏で鉄道整備と沿線の宅地開発を同時に進める法律（宅鉄法）が最初に適用された。他鉄道との相互直通運転をしない独立した鉄道ではあるが、多くの駅で他鉄道と接続している。

つくばエクスプレスの開業によって、東京圏の1都3県（東京都・埼玉県・千葉県・茨城県）で鉄道の便がなかった地域で都心へのアクセスが大幅に改善されただけでなく、沿線で新しい街が次々と誕生した。このため、つくばエクスプレスの利用者は開業から現在まで増加傾向にあり、今後も増えると予想されている。それゆえ、東京圏で「上がる街」を多くつくった鉄道とも言えるだろう。

東京メトロ副都心線は、その名の通り東京の3つの副都心（池袋・新宿・渋谷）を結ぶ鉄道で、もともとはラッシュ時の混雑が激しかったJR山手線の救済を目的として計画された地下鉄路線だった。2008年に池袋−渋谷間が開業したことで全線（和光市−渋谷間11・9㎞）開通した。相互直通運転は、開業当初から西武池袋線と東武東上線と実施しており、2013年からは東急東横線や横浜高速鉄道みなとみらい線と実施している。

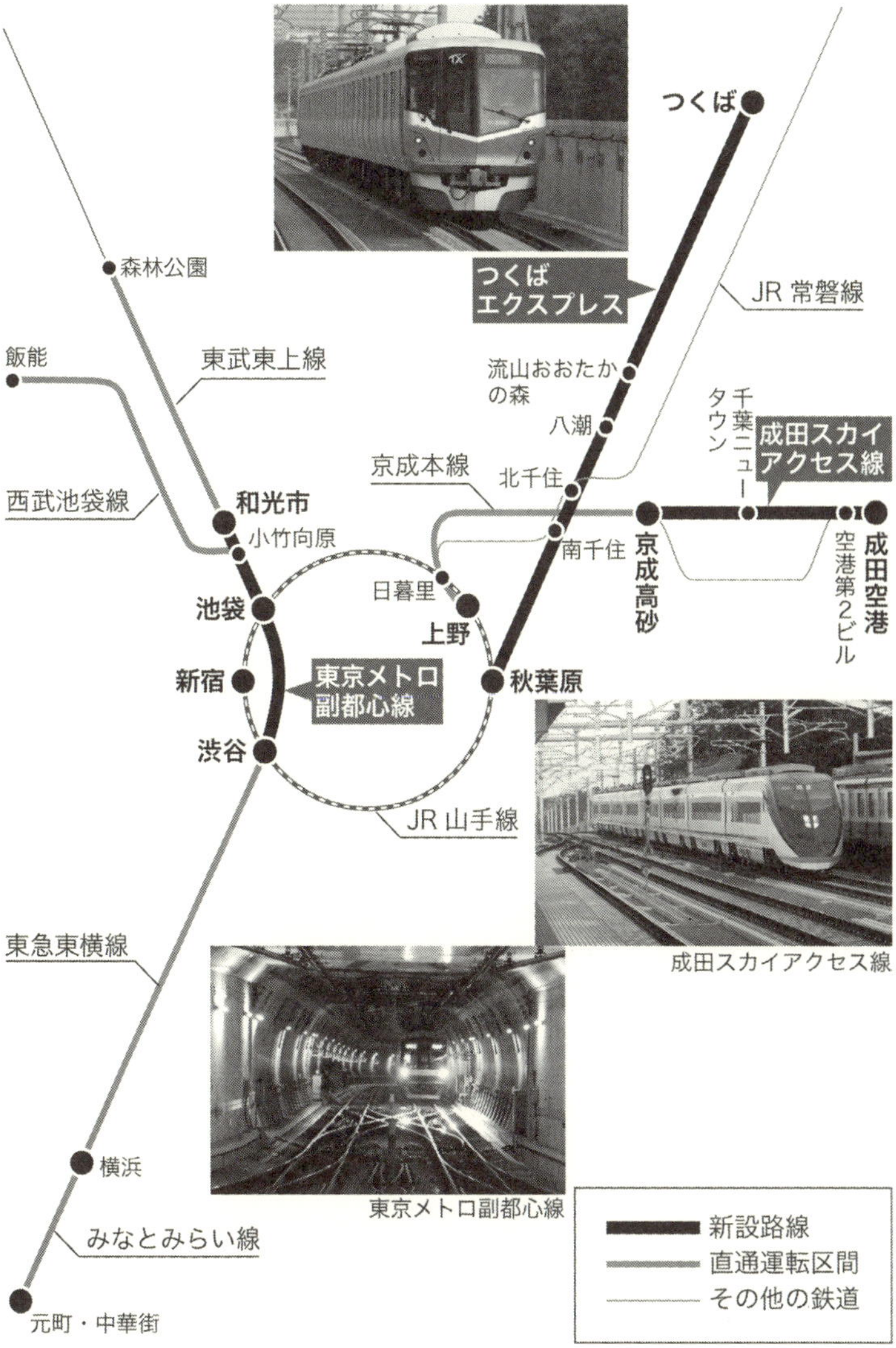

図2-5｜21世紀に開業した代表的な鉄道

副都心線は、東京圏の鉄道網に大きなインパクトをもたらした。同線は総延長が10㎞強の路線にすぎないが、横浜から3つの副都心、そして埼玉県西部に至る100㎞以上の相互直通運転を実現させることによって、鉄道利用者の流れを大きく変えた。また、池袋駅や渋谷駅の乗り換えが解消されたことで、新宿に直行できるようになり、池袋・新宿・渋谷の商業に大きな影響を与えたとも言われる。

成田スカイアクセス線は、4社（北総鉄道・千葉ニュータウン鉄道・成田高速鉄道アクセス・成田空港高速鉄道）が所有する鉄道からなる路線の愛称で、その名の通り成田空港のアクセスを改善するための短絡線として整備された。2010年に全線開業したことで、日暮里－空港第2ビル間における特急列車「スカイライナー」の最短所要時間が51分から36分に短縮された。

成田スカイアクセス線の開業は、千葉ニュータウンなどの沿線の街にとって大きな起爆剤となった。開業前の千葉ニュータウンは、都心から離れた街にすぎなかったが、開業後は成田空港と都心、そして羽田空港を結ぶ列車が頻繁に行き来する動脈の一部となり、鉄道の利便性が大幅に向上した。そのためか、千葉ニュータウンがある印西《いんざい》市の人口が増加し、2018年に10万人を突破した（写真2－4）。

ここまでは路線の新設によるメリットのみを述べたが、他の鉄道事業者から見るとデメリットになる場合もある。

たとえばつくばエクスプレスの開業によって、並行するJR常磐線の利用者数は減少した。つくばエクスプレスは、もともとJR常磐線の混雑緩和のために計画された鉄道なので、こうなることは目標を達したことになるのだが、実際は沿線の年齢構成で明暗が分かれた。つくばエクスプレスの沿線では、子育て世代をふくむ若年層が多く住むようになり、人口が増えたのに対して、JR常磐線の沿線では、団塊世代の大量退職や地域の高齢化率の上昇によって人口が減っており、多くの駅で利用者数が減少傾向にある。実際に平日の昼間に両路線の列車に乗ってみると、つくばエクスプレスでは未就学児やその母親の姿をよく見かけるのに対して、JR常磐線では現役を退いた高齢者の姿をよく見かける。

東京メトロ副都心線が東急東横線と相互直通運転をするようになってからは、JR渋谷駅の乗車人員が減少した。これは、横浜方面

写真2-4｜成田スカイアクセス線の開業後、印西市の人口は10万人を突破した。千葉ニュータウン駅で2018年11月撮影

から渋谷を通過して池袋方面に向かう人が増え、渋谷駅で乗り換える人が減ったことによるものと考えられる。

ただし、こうした変化は、東京圏の鉄道網全体の輸送状況や、利用者の視点で見れば「進化」と言える。路線の新設によって既存路線の利用者が減ることは、混雑緩和だけでなく、利用者へのサービス向上につながるからだ。

複々線化による輸送力増強が進む

次に、混雑緩和の対策例として、小田急や東急、京王の複々線化の例を見ていこう。

小田急は、同社の幹線である小田原線の一部（代々木上原－登戸間）を約30年かけて連続立体交差化および複々線化して、輸送力を大幅に増強し、混雑緩和と所要時間の短縮を実現した（写

写真2-5｜連続立体交差化・複々線化された小田急小田原線。工事に約30年かかった

真2－5）。これによって、同区間の踏切がすべて廃止されて鉄道の安全性が向上し、道路交通への影響がなくなっただけでなく、朝夕のラッシュアワーに列車が詰まってノロノロ運転をすることが少なくなった。

東急は、田園都市線や東横線の一部を複々線化することで混雑緩和を図った。田園都市線では、二子玉川－溝の口間を複々線化することで、大井町線の列車がＪＲ南武線と接続する溝の口駅まで乗り入れできるようにして、利用者の分散を図った。東横線では、田園調布－日吉間を複々線化することで、目黒線を通る列車が日吉駅まで乗り入れできるようにして、利用者の分散を図った。

京王では、まだ複々線化が実現していないが、東京都都市整備局は同社の幹線である京王線の笹塚－つつじが丘間で連続立体化および複々線化を決定している。現在は沿線で用地買収が進められているため、線路沿いに空き地が目立つようになったいっぽうで、立ち退いていない住宅などもあり、用地買収の難しさを物語っている。

直通運転による乗り換え解消

東京圏では、異なる鉄道事業者の列車が互いに乗り入れる相互直通運転が盛んに実施されているが、近年は同じ鉄道事業者で列車の直通運転を実施するケースがある。

その代表例が、ＪＲ東日本の湘南新宿ラインと上野東京ラインだ（図2－6）。どちらも都心で南北に分断されていた近郊列車を直通運転するサービスであり、山手線と並行する線路に近郊列車を走らせることで、乗り換えを解消するだけでなく、山手線などの路線や主要駅の混雑を緩和することを目的としている。

湘南新宿ラインは、3つの副都心の駅（池袋駅・新宿駅・渋谷駅）を経由するもので、2001年に開業した。これによって北側（宇都宮線・高崎線）と南側（東海道線・横須賀線）の近郊列車が互いに乗り入れるようになり、利便性が向上した。

また、これを機に普通列車のグリーン車を利用できる範囲が広がった。東京圏で普通列車にグリーン車を連結していた路線は、従来は東海道線と横須賀線だけだったのに対して、湘南新宿ライン開業後はこれらに加えて宇都宮線や高崎線も仲間入りした。

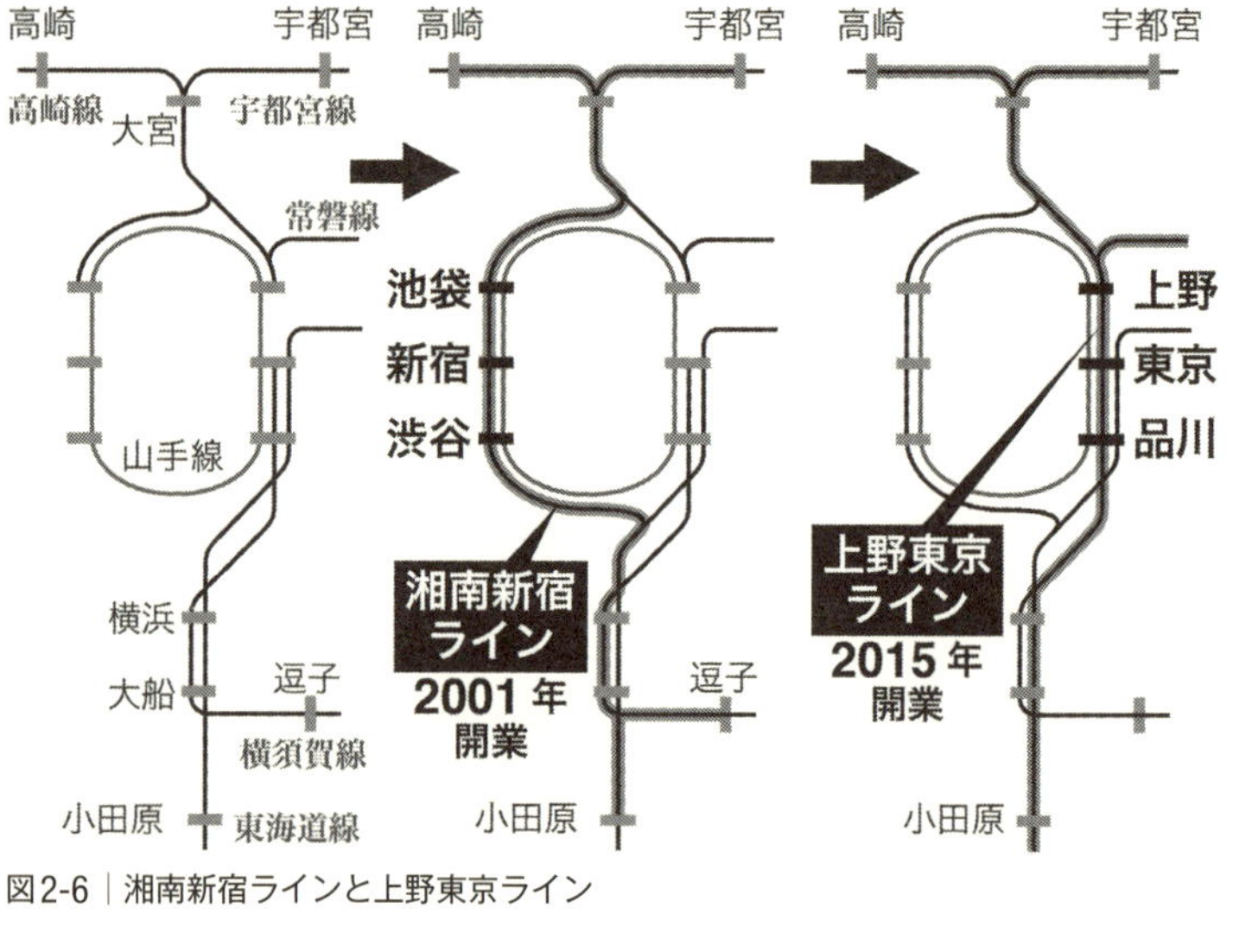

図2-6｜湘南新宿ラインと上野東京ライン

このことは、着席サービスを提供する範囲が広がることにもつながり、グリーン車の人気にも拍車をかけた。近年は湘南新宿ラインのグリーン車は利用率が高く、休日でも満席になることがある。

いっぽう上野東京ラインは、長らく近郊列車の終端駅として機能していた上野駅と東京駅を経由するもので、２０１5年に開業した。これによって北側（宇都宮線・高崎線・常磐線）と南側（東海道線）の近郊列車が互いに乗り入れるようになった。

これを機に、先述した普通列車のグリーン車を利用できる範囲がさらに広がっただけでなく、常磐線の特急列車が東京駅や品川駅に乗り入れるようになった。

また、並行する山手線や京浜東北線の混雑率が低下した。たとえば山手線（外回り）の上野→御徒町間の混雑率は、開業前の２０１４年度に１９９％を記録していたのに対して、開業後の２０１5年度は１６３％まで下落し、混雑が緩和された。

湘南新宿ラインや上野東京ラインの開業は、従来都心で分断されていた旅客の流れをスムーズにしただけでなく、所要時間の短縮によって通勤可能な範囲を広げた。このことは、東京圏で住む場所の選択肢を広げることにもつながったと考えられる。

着席サービスの導入が進む

近年は、東京圏の鉄道で着席サービスの導入が相次いでいる。

朝夕のラッシュ時を中心に特急形電車を「通勤ライナー」などとして走らせ、追加料金を払った旅客に「座って通勤できるサービス」を提供することは、1990年代からJRや小田急、西武、東武、京成が実施していた。いっぽう、有料の特急列車が走行しない路線では、このようなサービスの提供は長らく実施できなかった。着席サービスを必要とする朝夕のラッシュ時のためだけに特急電車を所有すると、昼間に車庫に留置する車両が増えることになり、車庫のキャパシティや車両の運用において非効率だからだ。

ところが近年は、座席の向きを転換できる通勤電車が実用化されたことで、有料の特急列車が走行しない路線でも着席サービスが提供できるようになった。通常は側面を向くロングシートで運用し、着席サービスを提供する列車になるときだけ進行方向を向くクロスシートで運用することで、効率よく車両の運用ができるようになったからだ。

2018年時点では、東武や西武、京王、東急が、このような通勤電車を使った座席定員制列車を通勤時間帯に走らせており、着席サービスを提供している。

東武は、東上線の池袋－小川町間（上りは池袋－森林公園間）で「TJライナー」を走らせている。乗車駅やネットで着席整理券（下り310円）を購入すれば利用できる。

西武は、池袋線で「S－TRAIN（エス・トレイン）」を走らせている。この列車は、西武線のみならず、東京メトロ（有楽町線・副都心線）や東急東横線、横浜高速鉄道みなとみらい線にも乗り入れており、都心を走る地下鉄の主要駅で乗降できるというメリットがある。

京王は、「京王ライナー」を夜に限定して走らせている。新宿駅を出発し、京王線の京王八王子駅や相模原線の橋本駅に向かう列車だ。乗車駅やネットで座席指定券（400円）を購入すれば利用できる。

東急は、大井町線と田園都市線の一部列車に座席が転換する車両「Q SEAT（キュー・シート）」を1両ずつ組み込み、平日の夜に限定して有料座席指定サービスを提供している。これも、乗車駅やネットで列車指定券（400円）を購入すれば利用できる。

こうした座席定員制列車は、通勤による利用者の精神的・肉体的負担を軽減するだけでなく、沿線の付加価値を高めることにもつながる。

街の再開発で駅利用者が急増し対応に追われる

東京圏の鉄道の沿線では、街の再開発による利用者の増加も起きており、なかには駅の大改造を必要とするほど利用者数が急増した駅も存在する。ここでは、その代表例である武蔵小杉駅と木場駅を紹介しよう。

武蔵小杉駅は、JR南武線・横須賀線と東急東横線が乗り入れる駅だ。神奈川県川崎市にあり、多摩川をはさんで東京都と面した場所にある。

この駅の周辺は2000年代以降に再開発が進められ、人口が急増した（写真2-6）。ここは、もともと工場や企業のグラウンドがあった場所で、その跡地を利用してレジデンスやオフィスが入居する超高層ビルが次々と建設され、一躍「上がる街」に変貌した。また、2010年にJR横須賀線のホームが新設されると、新宿駅や成田空港駅などに乗り換えなしでアクセスできるようになって利便性が向上し、人気住宅地となった。

このため、武蔵小杉駅では、利用者数が急増して混雑が激しくなった。とくにJR横須賀線のホームの混雑は激しく、既存の施設では旅客をさばききれなくなり、改札口で入場規制までするようになった。

そこでJR東日本は、臨時改札口を新設したりしたが、それでも旅客をさばききれないので、ついにホームの増設に踏み切った。

いっぽう木場駅は、東京メトロ東西線の駅

写真2-6｜東急武蔵小杉駅から見た街並み。レジデンスやオフィスなどが入居した超高層ビルが林立している

で、東京都江東区にある。

この駅の周辺は、もともと貯木場があった地域に広がる住宅地や工業地域で、人口密度がとくに高い地域ではなかった。ところが2007年に工場跡地が再開発されて大型複合施設（深川ギャザリア）が開業し、野村総合研究所やりそなホールディングスなどの多くの企業や、ショッピングセンター（イトーヨーカドー）が入居してからは、ここに通勤する人が増え、一躍「上がる街」となった。

これによって、木場駅の乗降人員が急増し、東西線の木場→門前仲町間が東京圏でもっとも混雑する区間となった（混雑率199%・2018年）。また、木場駅のホームの混雑が激しくなったことで、列車がスムーズに発着できなくなり、東西線で遅延が頻発し、安定した輸送をすることが難しくなった。

そこで東京メトロは、木場駅のホームを広げ、コンコースを新設するという大改造に踏み切った。

なお、武蔵小杉駅や木場駅の大改造の詳細については、第4章の交通事業者インタビューでもふれる。

2・4 いま東京の道路になにが起きているか

さあ、次に道路における近年の変化を見てみよう。

先ほどふれたように、東京圏の鉄道網はすでに飽和状態にあり、整備が一段落しているが、道路網は伸び盛りであり、整備が次々と進められている。その効果は、ふだんバスやマイカーを利用する人ならお気づきだろう。

そう、東京の最大の弱点とも言える「渋滞」が、少しずつではあるが緩和しつつあるのだ。

「3環状9放射」の整備が進み渋滞が減少

東京の渋滞緩和に大きな効果をもたらしているのが、「3環状9放射」の整備だ（図2－7）。「3環状9放射」とは、3つの環状線と9つの放射線からなる道路網の構想で、東京圏の骨格としてだけでなく、東京圏に出入りする車両の交通量を分散させることを目指して整備されている。

「3環状9放射」のうちの「3環状」は、整備に時間を要しながらも、近年着々と延伸している。

この「3環状」は、首都高の都心環状線の外側を通る3つの環状線であり、内側から中央環状線・

外環道・圏央道と呼ばれている。これらは都心を避けて通る迂回路として機能し、交通量を分散させるうえで大きな効果を発揮する。

2018年時点では、「3環状」のうち中央環状線だけが全線開通しており、外環道の東京区間（練馬－東京インター間）と圏央道の千葉県区間（大栄－松尾横芝間）の整備が進められている。

中央環状線は2015年に全線開通したが、そのときのインパクトは大きかった。同線の大橋JCT－大井JCT間が開通して、都心を迂回するルートの一つが完成したことで、中央環状線よりも内側の首都高の路線で渋滞によって失われる時間（渋滞損失時間）が約5割も減少し、渋滞の名所とされた浜崎橋JCTの渋滞がほぼ解消されただけでなく、地平を通る街路の渋滞も緩和した。

2018年に外環道の千葉県区間（三郷南－高谷間）が開通すると、中央環状線の東側に集中し

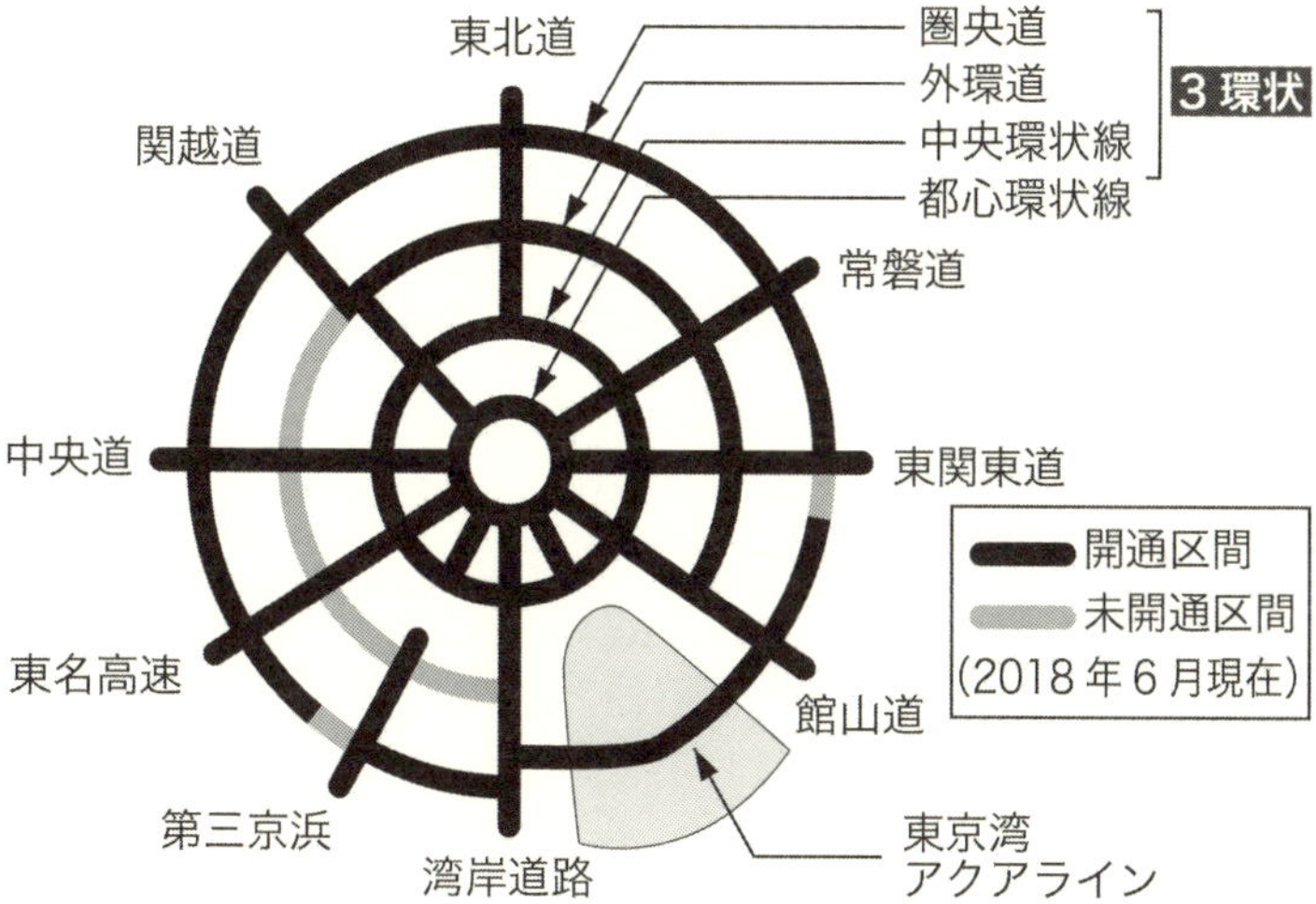

図2-7｜3環状9放射

ていた交通量が分散し、渋滞が緩和された（写真2－4）。NEXCO東日本などが発表したデータによれば、中央環状線の交通量減少は葛西－清新町間で17％、同線の堀切－小菅間で9％となり、都心経由のルートで軒並み交通量が減少した。また、この千葉県区間では、自動車専用道路と一般国道（国道298号）がセットで整備されたため、並行する県道の交通量が減少した。

今後外環道や圏央道が全線開通すれば、事故や渋滞を回避するための迂回ルートのパターンが増え、冗長性が向上し、より安定した輸送が可能になると期待されている。

渋滞緩和に伴い高速バスが発達

東京圏はもともと鉄道網が発達している都市

写真2-4｜2018年に開通した外環道の千葉県区間。自動車専用道路の大部分は地下になった

圏であるが、近年は高速バスも発達している。これには、高速道路網の充実による混雑緩和と遅延の短縮や低価格化が少なからず関係している。とくに首都高の混雑による遅延が生じにくくなり、利便性が向上したことで、空港アクセスを中心に高速バスの利用者数が増えつつある。

高速バスは、鉄道よりも遅延が発生しやすく、時間が読みにくいという弱点があったが、近年は定時率が向上し、利便性が上がっている。首都高などの渋滞が緩和されたことで、遅延が生じにくくなったからだ。

たとえば空港バスの「リムジンバス」を運行している東京空港交通では、現在おおむね90％以上のバスが定刻の所要時間以内で運行されている。同社は、ウェブサイトでバスの所要時間の推移や遅延の発生状況を公開している。これを見ると、東京圏の各地から羽田空港・成田空港に向かうバスの多くが一定の所要時間以内で走っていることがわかる。

新宿駅と羽田空港を結ぶ「リムジンバス」は、中央環状線の全線開通で定時率が上がっただけでなく、所要時間が半分に短縮された。同区間を走る「リムジンバス」の定刻の所要時間は、都心環状線経由だったころは最短40分だったのに対して、中央環状線経由になってからは最短20分に短縮された。実際の所要時間は20分を切ることも珍しくない。

いっぽう、高速道路網の充実にともない、近年は深夜に運行される近・中距離の高速バスも発達している。これらは、鉄道の終電よりも遅い時間帯に走行するもので、おもに都心から郊外に帰宅する人たちに利用されている。運賃は鉄道よりも割高であるとはいえ、帰宅時間が遅い人にとってはありがたいサービスと言えるだろう。

東京圏で住む場所を選ぶ人の中には、鉄道の利便性だけでなく、こうした空港バスや深夜バスなどの利便性を考慮する人もいる。

物流と商業の拠点が郊外の環状道沿いに移転

外環道や圏央道の整備は、物流や商業の拠点を都心から郊外に移すことにも寄与している。図2－8は、東京圏における物流施設等の分布図だ。これを見ると、物流施設等が外環道や圏央道の沿線に多く分布しているのがわかる。物流業者のなかには、外環道や圏央道沿いに大規模な物流倉庫を設けているところもあるし、ヤマト運輸のように圏央道沿いの厚木に物流センターを設けているところもある。

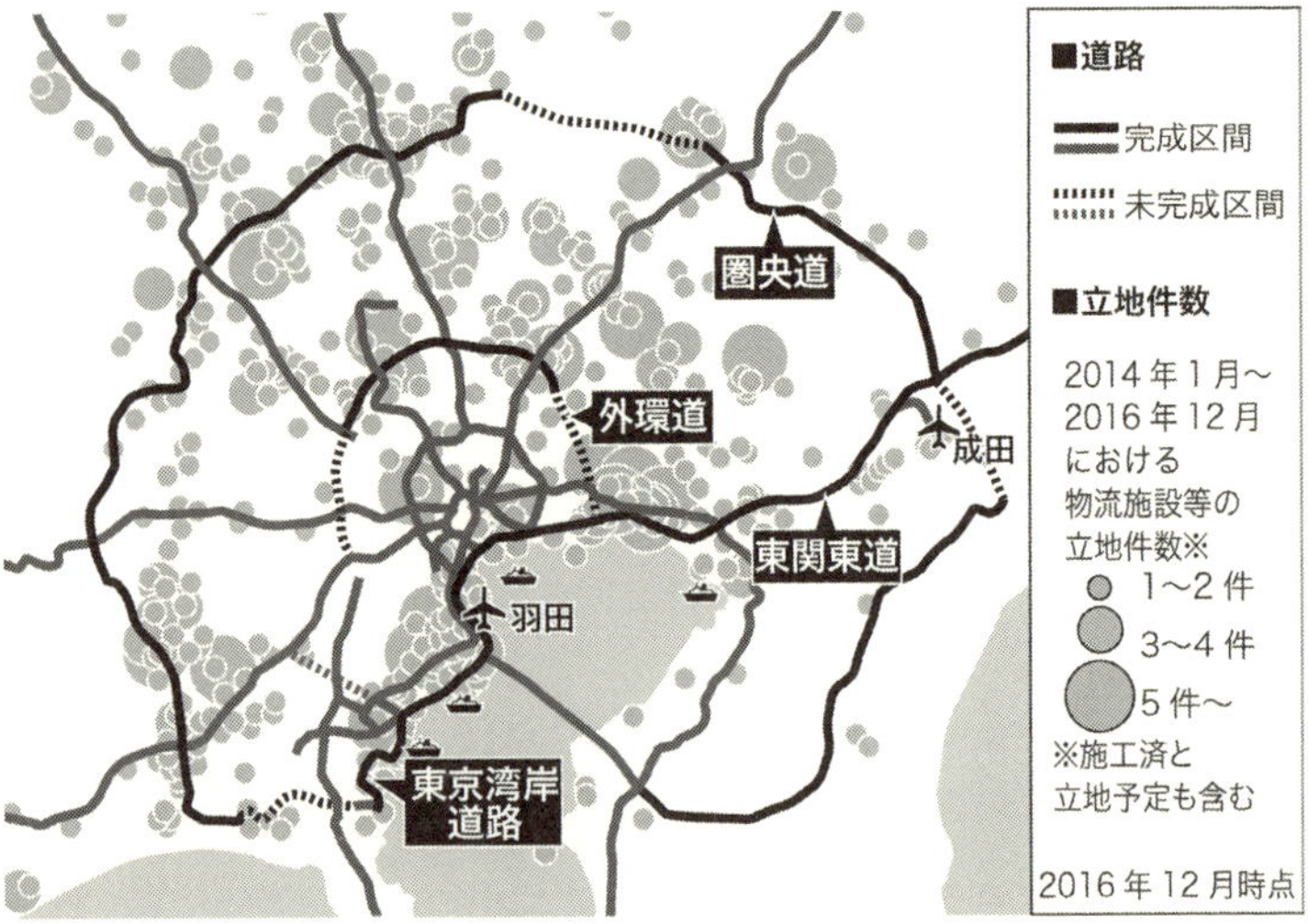

図2-8｜東京圏における大型物流施設等の立地状況

図2－9は、東京圏における代表的な大型商業施設であるイオンモールの分布を示している。これを見ると、おもな道路沿いに多く存在していることがわかる。なお、三井プレミアムアウトレットモールやららぽーとなどの大型商業施設や、イケアやコストコなどの倉庫型大型店舗の分布にも、同様の傾向が見られる。それらのほとんどは、乗用車でアクセスすることを前提とした構造になっており、広大な駐車場を併設している。また、埼玉県の三郷や越谷のように鉄道（JR武蔵野線）の駅に隣接した施設もあるいっぽうで、茨城県のあみプレミアムアウトレットモールのように自動車専用道路（圏央道）のインターチェンジとほぼ直結した構造の施設もある。

これらの中には、都心よりも品揃えが充実した店舗も存在するので、郊外に住んでいても、

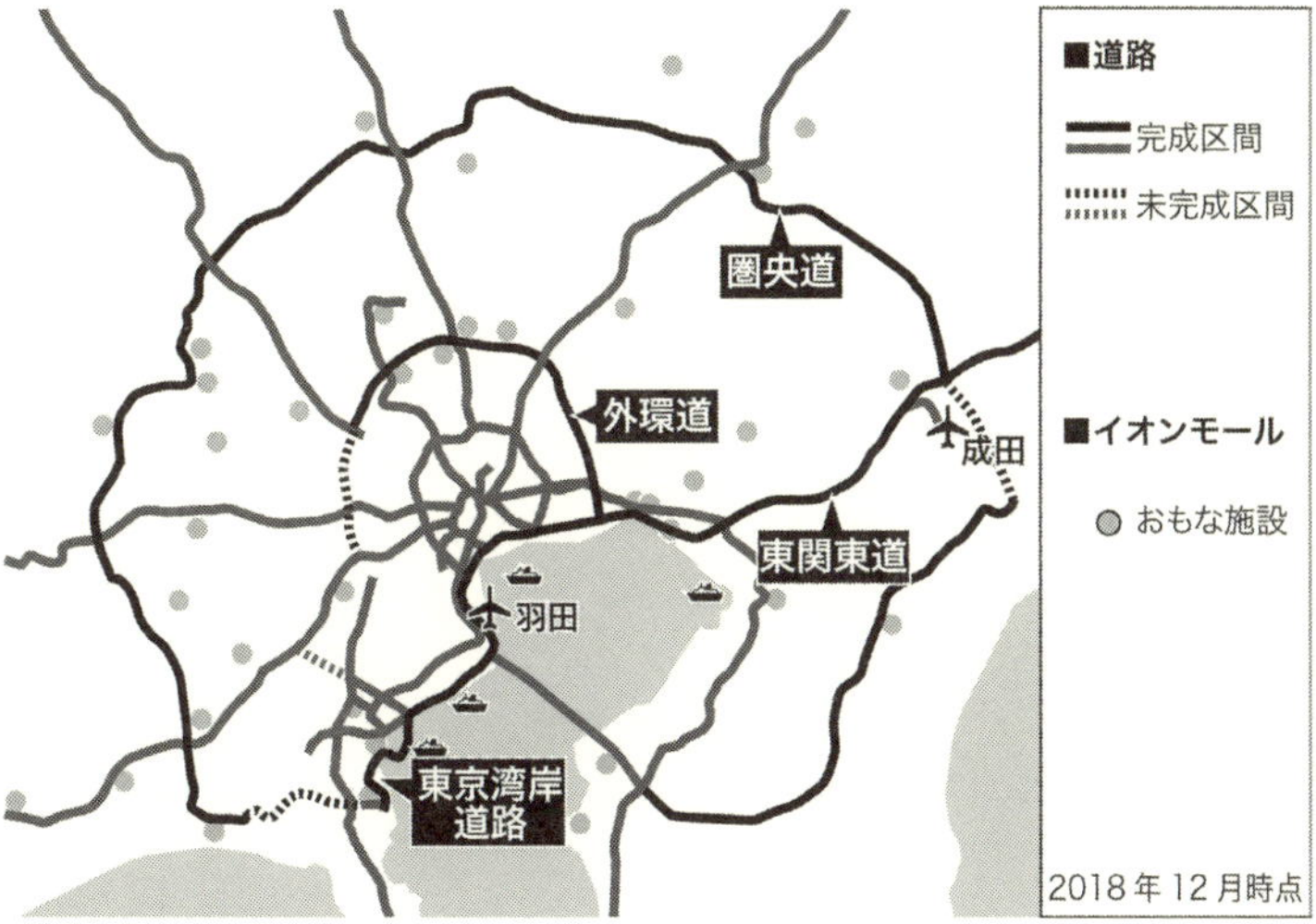

図2-9｜東京圏におけるおもなイオンモール

欲しいものが容易に手に入るようになっている。また、近年は宅配サービスやアマゾンのような通販サイトの充実によって自宅に居ながらさまざまなものが手に入るようになったので、物品の入手においては、郊外に住んでいても困ることが少なくなった。

かくいう筆者は、圏央道と常磐道が交差する付近（茨城県南部）に住んでおり、郊外の商業施設の便利さを実感している。この付近は人口密度が高くないが、イオンモールが2箇所あり、コストコなどの大型店も充実しているので、マイカーさえあれば、欲しいものが容易に手に入るし、大規模なシネコンで映画を楽しむこともできる。そのような点では、東京都心よりも便利な暮らしをしていると言えるかもしれない。ただ、自分が高齢となってマイカーを運転できなくなると、便利さが大幅に低下するであろうことも薄々感じている。

都心と臨海部結ぶ環状2号の整備が進む

ここまでは首都高をはじめとする自動車専用道路について述べてきたが、東京圏では都市の骨格をなす幹線街路の整備も着々と進められており、渋滞の緩和を実現している。

近年整備された街路の中では、環状2号がとくに注目されている（図2－10）。環状2号は、皇居を中心として同心円状に広がる環状の幹線街路の一つで、現在は築地から臨海副都心までの区間の整備が進められている。その完成は、築地市場の移転の遅れによって2022年度までずれ込んだ

図2-10｜環状2号。築地-豊洲間は2018年11月に暫定開通した

が、築地市場の跡地を迂回する暫定道路によって2018年11月に暫定開通した。

環状2号は、近年人口が急増した臨海部の渋滞を緩和する役目を果たす。これまでは、晴海通りが臨海部と都心を結ぶ役目を果たしていたが、晴海通りには車線数が増やせない勝鬨《かちどき》橋がボトルネックとなり、渋滞が頻発していた。晴海通りと並行する環状2号を整備すれば、交通量が分散し、渋滞が緩和されると期待されている。

また、環状2号は、2020年のオリンピック・パラリンピック競技大会で重要な会場輸送ルートとして機能する。同大会の会期中には、晴海に設けられる選手村から臨海部の競技会場やメインスタジアム（新国立競技場）などに選手団が

写真2-5｜開通直後の新虎通り。歩道の幅員が広い。この地下には環状２号のトンネルが通っている

移動するための動脈となる。２０１８年11月に暫定開通したのは、このためでもある。

環状2号は、虎ノ門の再開発ともリンクしている。２０１４年に開業した虎ノ門ヒルズは、環状2号の地下区間の真上に建設されたし、地下化された区間（虎ノ門－新橋間）の地上部は「新虎通り」と呼ばれる新しい通りになった（写真２－５）。

舛添前都知事は、「新虎通り」が開通したときに、この街路をパリのシャンゼリゼ大通りのような賑わいある通りにしたいと意欲を述べた。「新虎通り」は、シャンゼリゼ大通りと同様に、全体の幅員に対して左右の歩道の幅が広くとってあり、街路樹が植えられ、オープンカフェのテーブルが並べられるスペースが設けられている。住宅やオフィスビルが密集していた地域を再開発してできた新しい街路なので、いまは沿線にコインパーキングが多数見られ、人通りがまばらであるが、カフェやバーも少しずつ増えているので、将来はお洒落で賑わいある通りになるだろう。

第3章
図で見る
上がる街と下がる街

首都高・1号羽田線

さあ、ここから本書のテーマである「上がる街・下がる街」について具体的に示したデータを見ていこう。

23区さえも消滅の危機に瀕す——人口増減地図

まずは将来における「上がる街・下がる街」を分析したデータを見ていこう。

最初に紹介するのは、東京都が予測する「上がる街・下がる街」だ。

東京都は、２００９年から２０１５年まで有識者会議「東京の自治のあり方研究会」を設置して、将来の人口などを５００ｍ四方ごと（５００ｍメッシュ）で推計した。そのデータは、東京都総務局行政部がウェブサイトで公開している。

口絵にある図３－１（以下、第3章の図はすべて口絵）は、２０１０年から２０５０年までの40年間における総人口の増減率の分布を示している。青くなるほど人口が増えており、赤くなるほど人口が減っていることを示している。

これを見ると、東京都のほぼ全域が赤くなっており、40年間で人口が減ることがわかる。それは海側（右側）の23区も例外ではない。ただし、豊洲・晴海などがある湾岸地区や、多摩南部に青い地域があり、わずかながら人口が増える地域があることもわかる。

湾岸地区で人口が増えるのは、想像がつきやすいだろう。現在タワーマンションが林立して人口が増え続けている地域であり、未開発の埋立地がまだあることを考えると、今後も人口が増え続けることは容易にわかる。

では、なぜ多摩南部で人口が増えると推計されたのだろうか。その理由は資料に明記されていないが、「東京の自治のあり方研究会」が2013年にまとめた中間報告には、多摩地域が「製造品出荷額等で高い実績を誇る」と記されている。実際に多摩地域では、大手からベンチャーまで約3100の工業系事業所が立地しており、2010年における出荷額は4兆7166億円と、23区（3兆5227億円）を上回っている。また、大学や工業専門学校などが約80校あり、産学連携による技術開発も盛んである。つまり、製造業が盛んであり、多くの雇用を生み出していることが、人口が増えると推計された大きな要因になったようだ。また、これは筆者の推測であるが、超電導リニアが導入される予定の中央新幹線の駅が、隣接する神奈川県橋本市にできることも関係しているだろう。

では、なぜ東京都全体で人口が減るのだろうか。高齢者や生産年齢人口の分布から探ってみよう。

図3－2は、2050年における高齢者人口の分布であり、赤くなるほど同人口が多いことを示している。

これを見ると、高齢者人口が23区でとくに多くなっており、続いてその西側（左側）の市部で多くなっているのがわかる。現在人口が多い地域がそのまま高齢者が多い地域になるイメージだ。23区では、500m四方あたりの1000人以上となるメッシュの数が、2010年に3割弱だったのに対して、２０５０年には約７割を占めるまで急増すると予測されている。

図３－３は、２０５０年における高齢者単身世帯数の分布であり、赤くなるほど同世帯数が多いことを示している。

これを見ると、高齢者単身世帯数が23区に集中しているのがわかる。23区では、５００m四方あたりの４００世帯以上となるメッシュの数が、２０１０年に２％程度だったのに対して、２０５０年には50％程度まで急増すると予測されている。23区は公共交通が発達しているので、マイカーを手放した単身の高齢者が多く住むようになるということであろう。

図３－４は、２０１０年から２０５０年までの生産年齢人口の増減を示しており、青くなるほど同人口が多くなり、赤くなるほど減ることを示している。

これを見ると、生産年齢人口が増えるのは湾岸地区ぐらいで、その他の地域は一様に減ることがわかる。

つまり東京都では、とくに23区で高齢者の数が多くなるだけでなく、高齢者単身世帯が多くなり、全体的には生産年齢人口が減ることになるのだ。

これはきわめて危機的な状況だ。社会を支え、維持する上で欠かせない生産年齢人口が減り、高齢者だけが急増してしまえば、自治体は十分な公共サービスを提供できなくなるし、ライフラインをふくむ社会基盤を維持できなくなる。介護を必要とする高齢者が増えても、介護をできる人材を確保できなくなる。「上がる街・下がる街」とか言っていられない状況だ。

それゆえ、近年は東京が将来崩壊するという書籍が複数記されている。たしかに以上紹介した推計をもとに判断すれば、そういう結論に達するのは当然のことだろう。

東京都以外の郊外の状況はより深刻

東京都以外の郊外の状況はもっと深刻だ。

図3－5と図3－6は、国立社会保障・人口問題研究所が2018年に発表した推計データで、関東の1都6県（東京都・神奈川県・千葉県・埼玉県・群馬県・栃木県・茨城県）だけを抜粋したものだ。どちらも自治体別に推計したデータであり、2015年時点の人口を100としたときの2045年時点の割合（指数）を示している。図3－5は総人口、図3－6は65歳以上の高齢者人口の増減を示しており、色が薄くなるほど人口が減ることを示している。

これを見ると、東京都心から離れた地域で総人口と高齢者人口が減る代わりに、東京都心に近い地域で両者が増えることがわかる。つまり、郊外から都心近くへと人口が移動すると考えられているのだ。

もし、この推計の通りに人口が推移すると、東京圏では、郊外から次々と自治体が維持できなくなり、最後に東京都も維持できなくなる。当然、郊外では「下がる街」が徐々に増え、「上がる街」はわずかとなる。自治体間の人口争奪戦が激しくなることは、このことからも容易に想像できる。

人口減少・高齢化の影響を鉄道はどう受けるか

こうした地域の盛衰を「交通」の視点からある程度予測できないだろうか。

じつはそうした試みはすでに行われており、おもに鉄道のデータが多用されている。第1章でも述べたように、東京は「鉄道で創られた都市」であり、東京圏では鉄道網が網の目のように張り巡らされているので、鉄道の利用者数の増減から地域の盛衰をおおまかに予測することが可能なのだ。

ここでは運輸総合研究所が2016年に発表した研究のデータを紹介しよう。このデータは、同研究所で2012年から実施された研究調査（今後の東京圏を支える鉄道のあり方に関する調査研究－将来の地域活性化と鉄道の利用促進－）の結果の一つであり、同研究所のウェブサイトで公開されている。

図3－7は、東京圏のおもな鉄道駅における乗降人員（乗客と降客の和、乗り換えを除く）の増減を示している。分析対象となった期間は、この研究会に所属している6社（JR東日本・東急・東京メトロ・西武・小田急・東武）が1995年～2014年、その他の鉄道事業者は1995年～2010年だ。また、分析対象になった駅は、東京圏の全駅（1581駅）のうち、郊外を中心とした956駅だ。具体的に言うと、皇居から直線距離が20㎞以上離れた駅であり、地下鉄駅（東京メトロ・都営地下鉄）だけは山手線より外側が対象になっている。

調査対象となった駅の乗降人員の多さや増減は、円の大きさや色で示されている。円の大きさは

図3-01 | 東京都の総人口の増減（2010年-2050年）

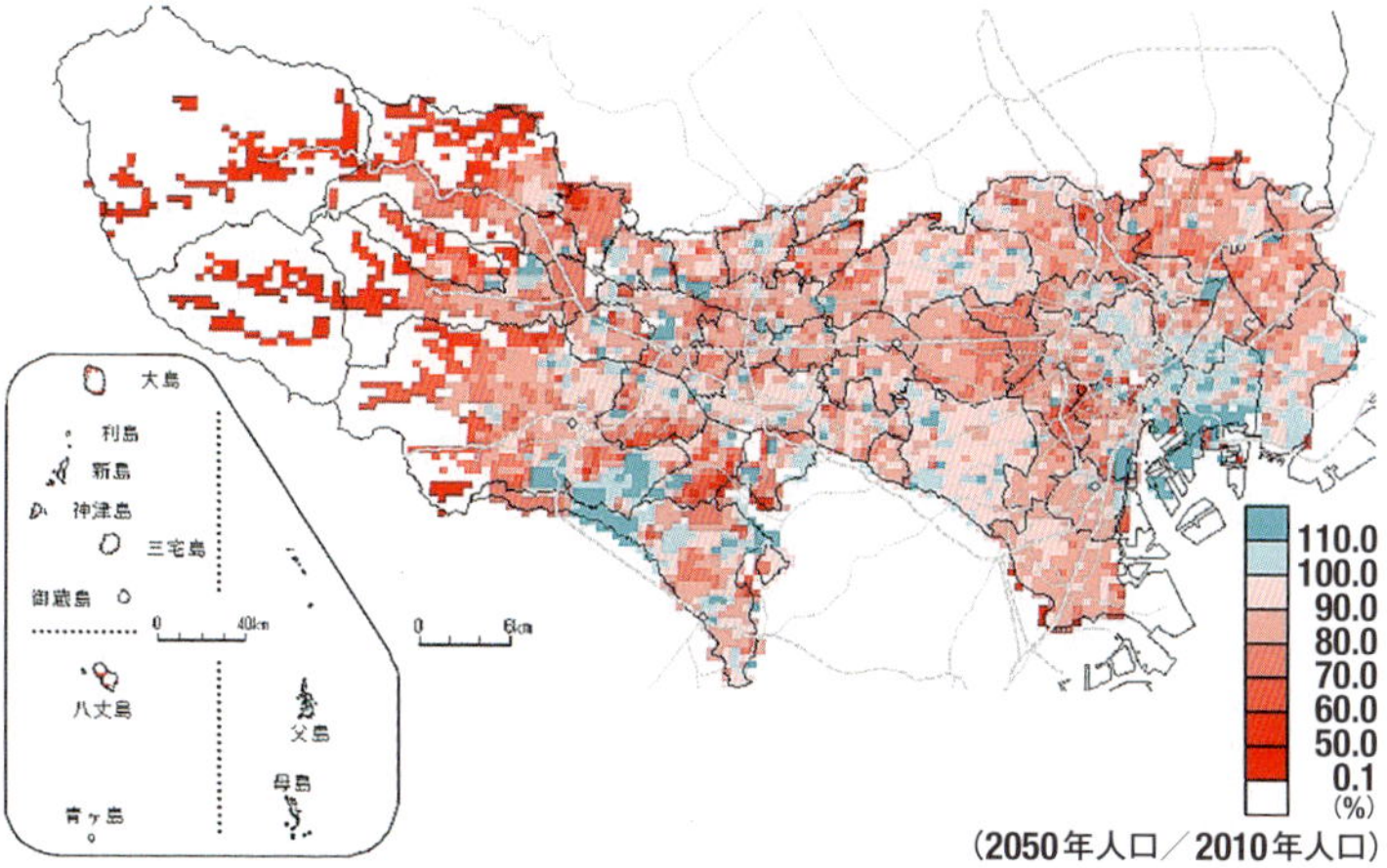

（2050年人口／2010年人口）

図3-02 | 東京都の高齢者人口（2050年）

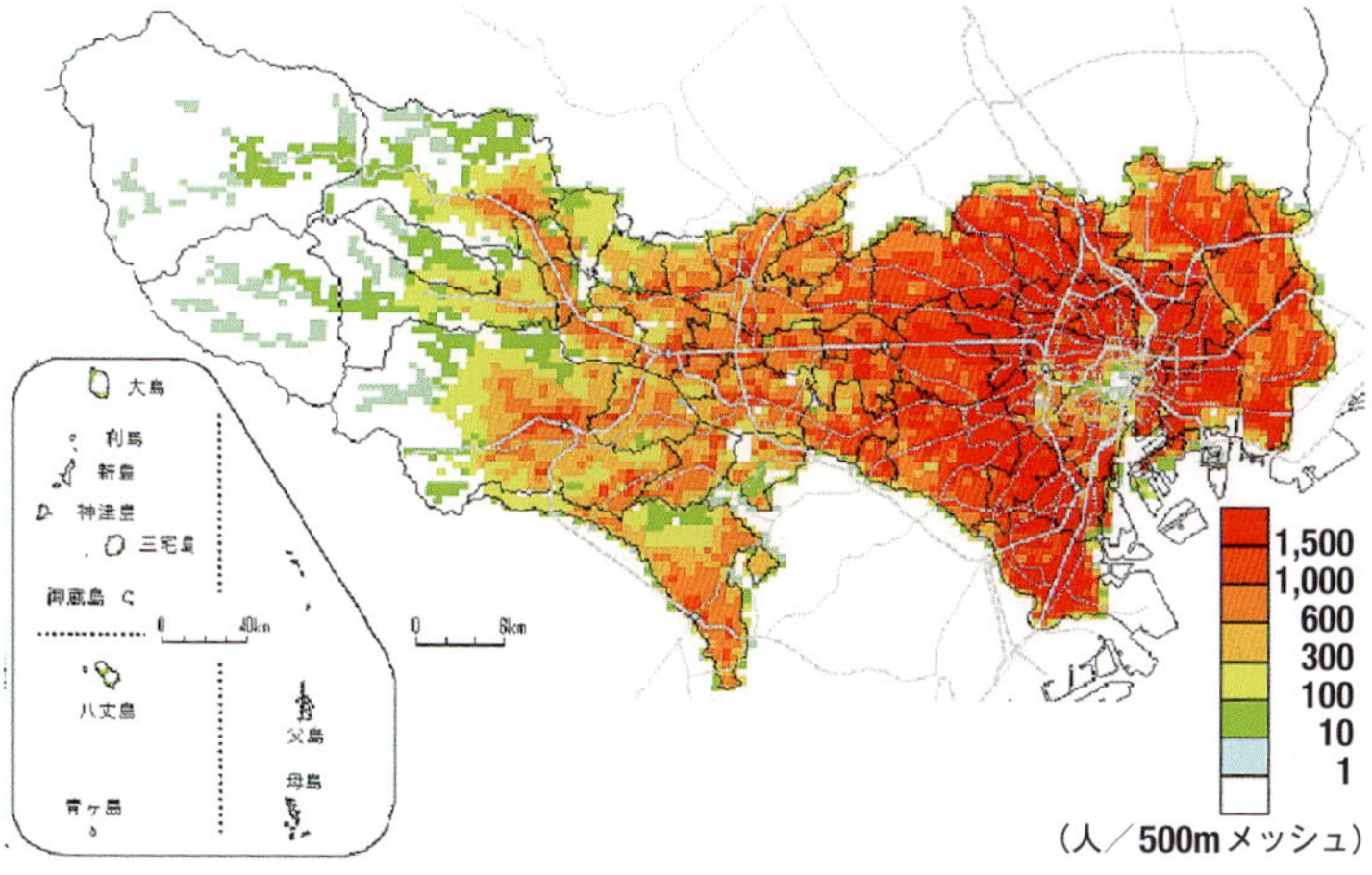

（人／500mメッシュ）

図3-03 ｜東京都の高齢者単身世帯数（2050年）

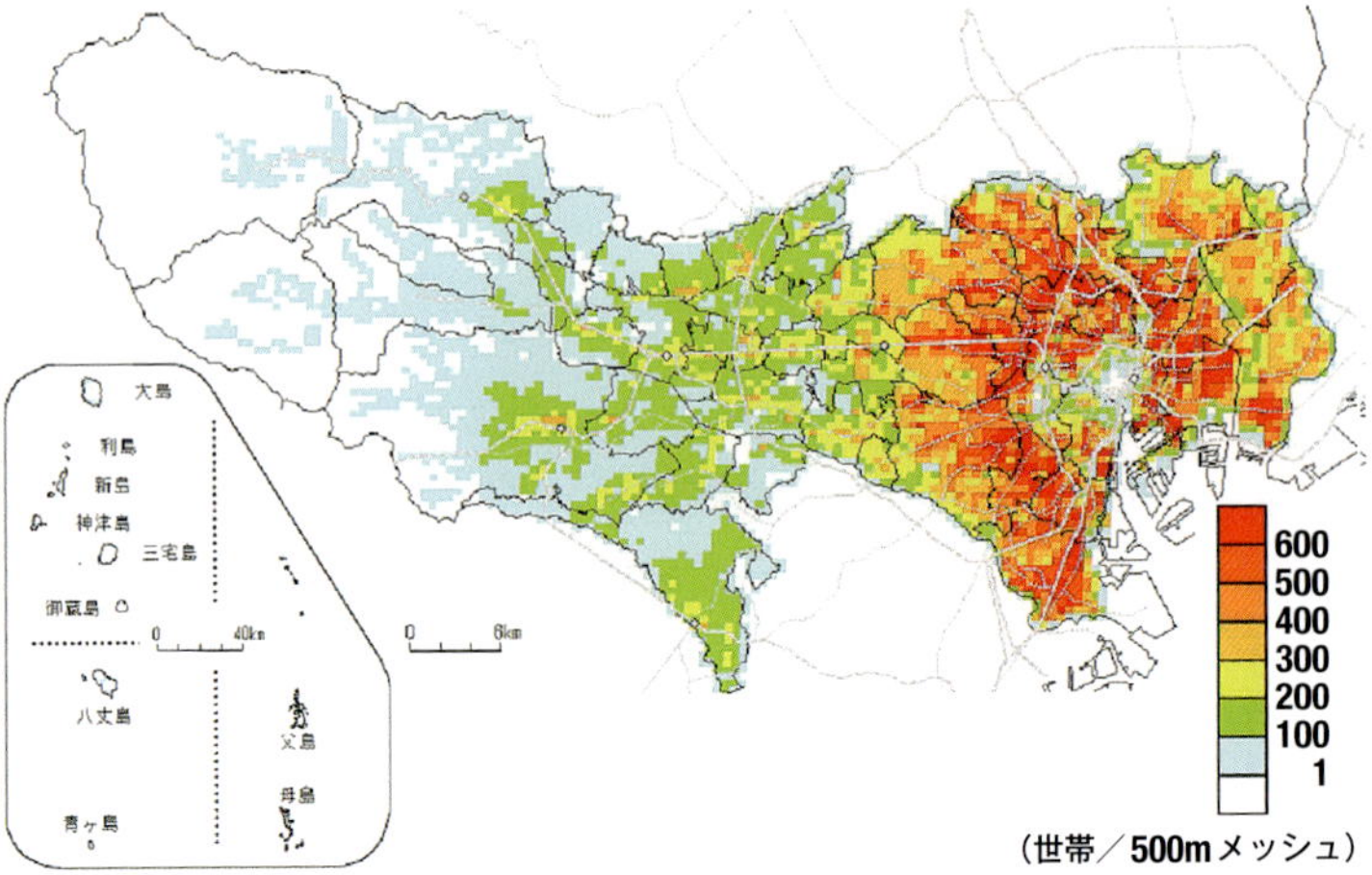

図3-04 ｜東京都の生産年齢人口の増減（2010年-2050年）

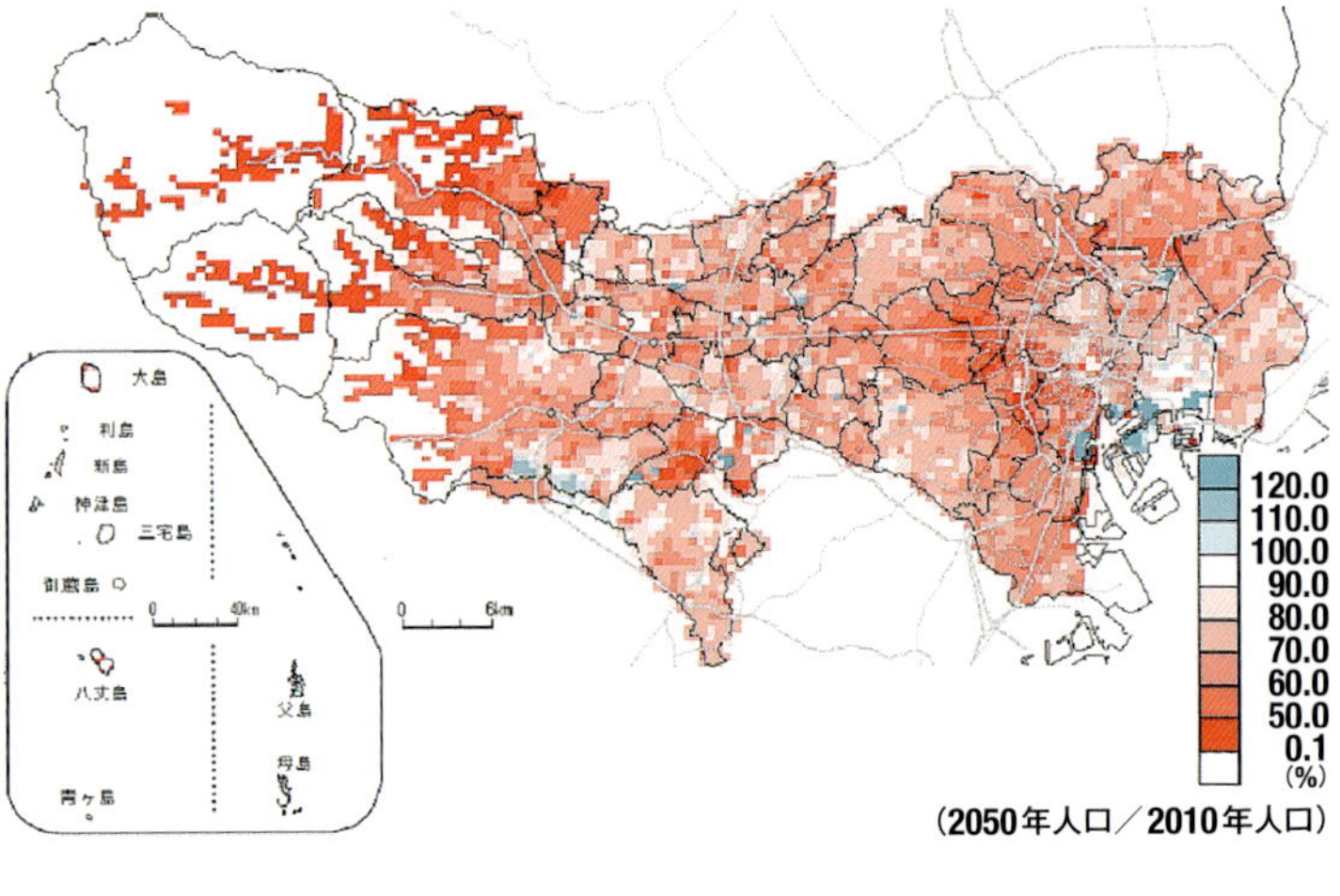

図3-05｜東京圏における総人口の指数（2045年時点）

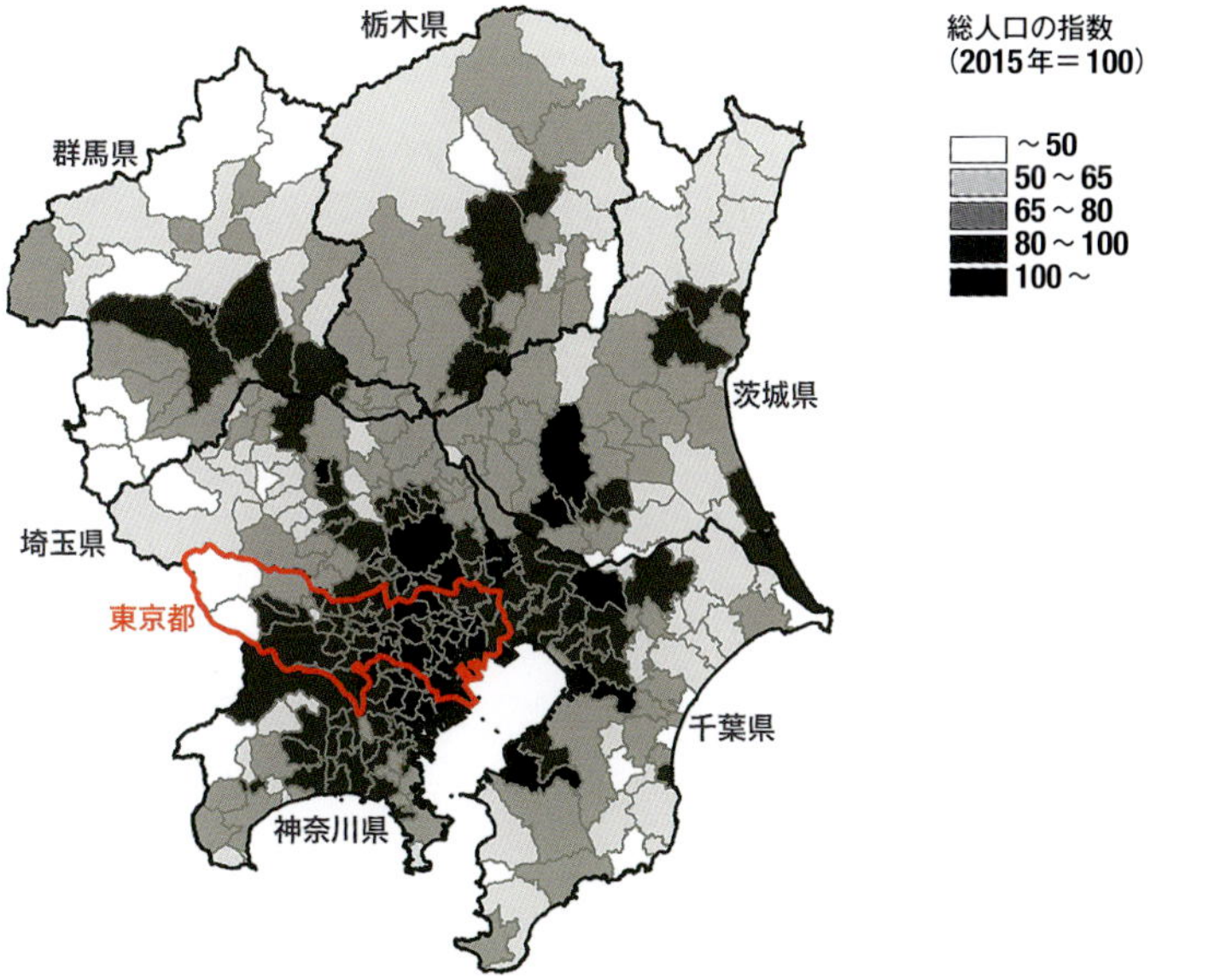

図3-06｜東京圏における65歳以上人口の指数（2045年時点）

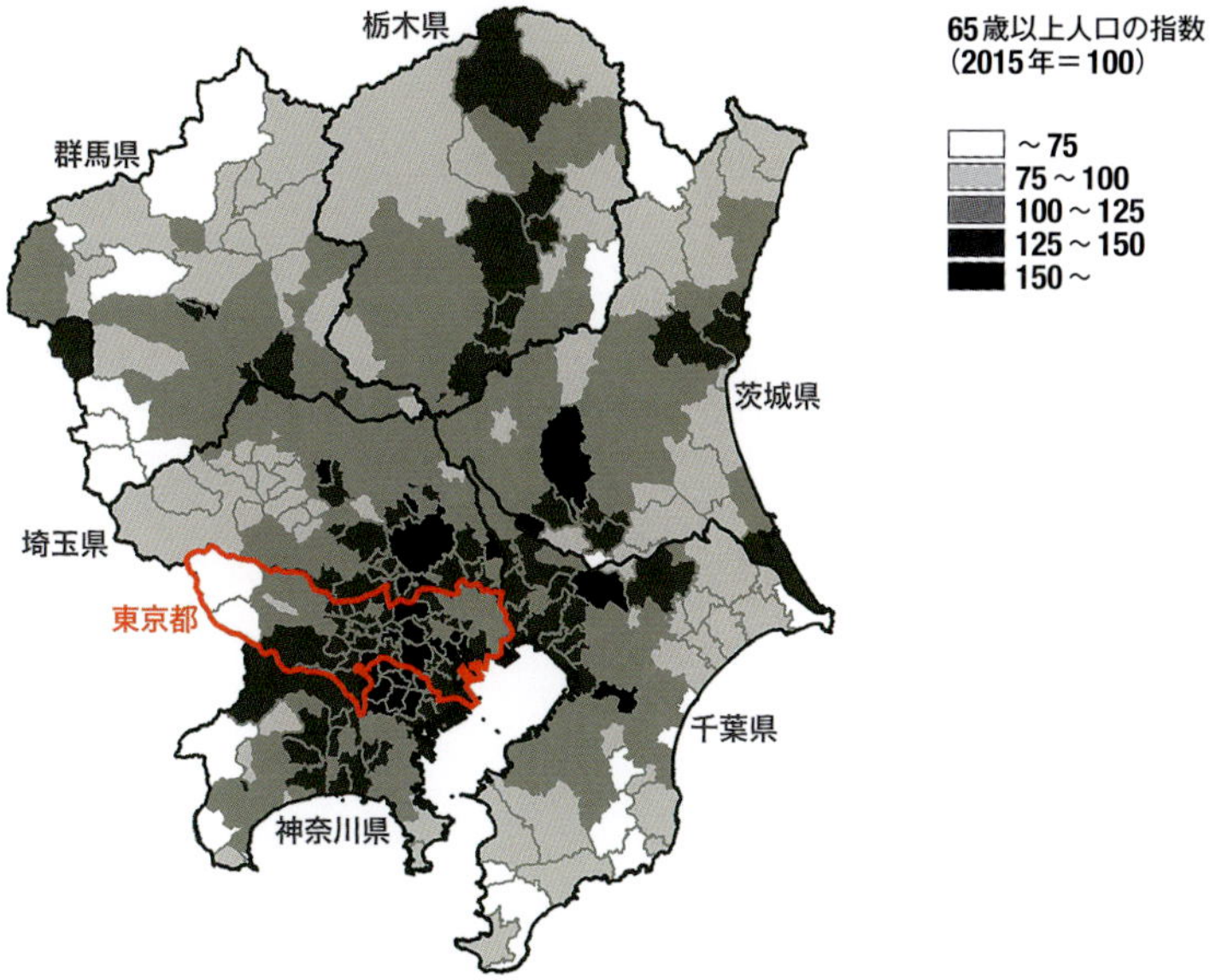

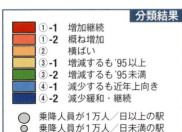

図3-07 | 鉄道駅における乗降人員の増減（1995年-2014年、または1995年-2010年）

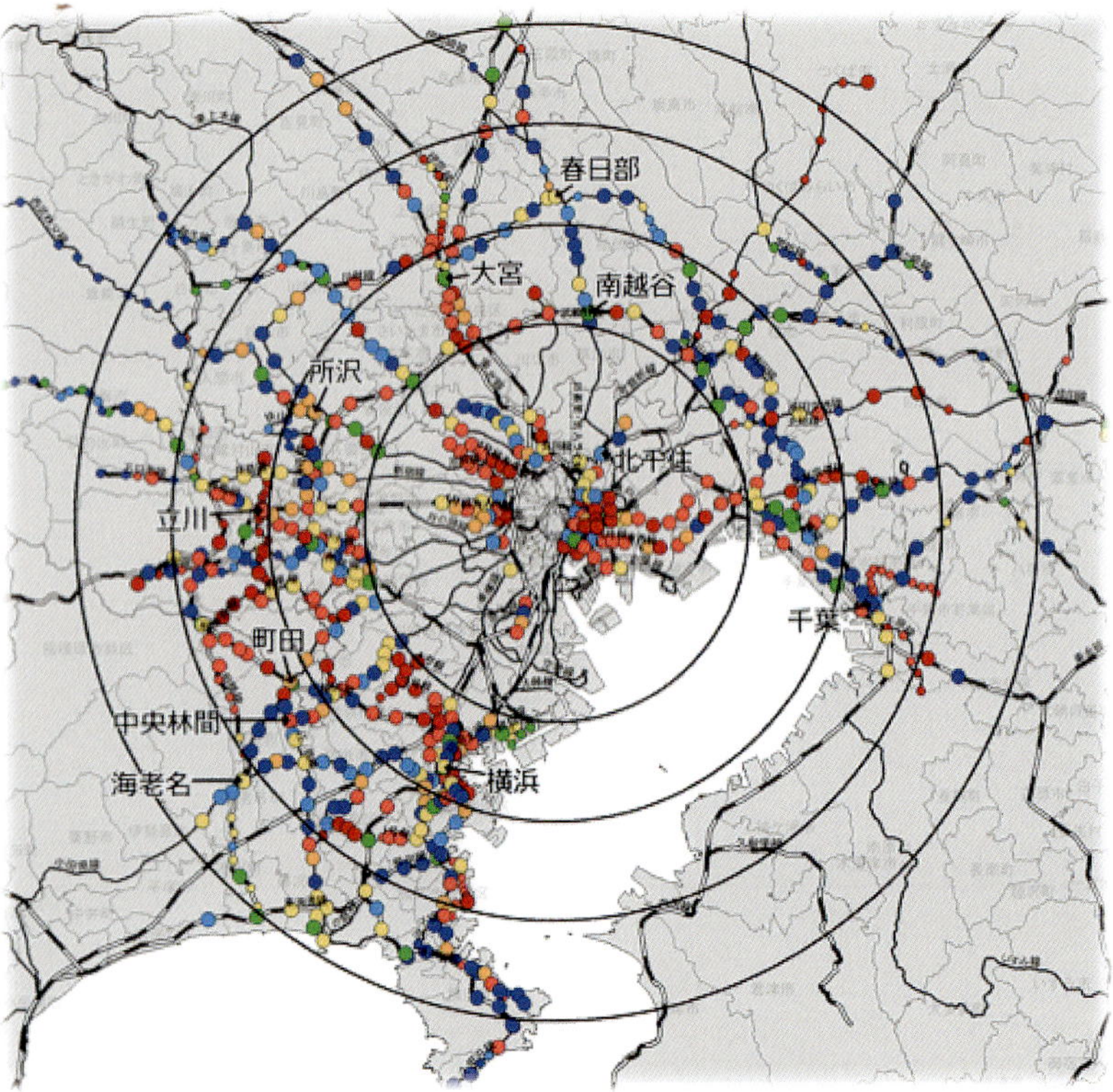

分類結果

- ①-1　増加継続
- ①-2　概ね増加
- ②　横ばい
- ③-1　増減するも'95以上
- ③-2　増減するも'95未満
- ④-1　減少するも近年上向き
- ④-2　減少緩和・継続

- ○（大）乗降人員が1万人／日以上の駅
- ○（小）乗降人員が1万人／日未満の駅

みられる傾向

- 西高東低
- 30km圏以遠で青が目立つ
- 地下鉄路線は増加駅が多い

出典）少子高齢化社会における持続可能な都市鉄道のあり方シンポジウム（2016年）
講演資料「東京圏の駅乗降人員の変化とその要因」、一般社団法人運輸総合研究所乗降人員の多さを示しており、直径が大きい方が1日の乗降人員が1万人以上、小さい方がそれ未満の駅を示している。円の色は乗降人員の増減を示しており、赤いほど増加、青いほど減少、橙色は横ばいであることを示している。

全体の傾向をざっくり言うならば、西高東低、つまり西側で乗降人員が増えており、東側で減っていることがわかる。東京圏の家賃は西高東低で、西側に住みたいと思う人が多いと言われるが、その傾向がそのまま表れた感じだ。

都心（皇居）からの距離で見ると、20〜40㎞圏内で増加している駅が多く存在しているのに対して、30㎞よりも遠い地域では減っている駅が多く存在する。

方角で見ると、30㎞よりも遠い地域でも増えている地域は存在する。たとえば南西部の橋本・八王子近辺では増加している駅が多く存在する。先ほど紹介した東京都の総人口増減のデータでは、南西部の南多摩での増加が見られたが、その傾向が駅の乗降人員の増減に表れていると言えるだろう。また、東部では全般的に減っている駅が多いのに対して、つくばエクスプレスや北総鉄道、東葉高速鉄道といった比較的新しい鉄道の駅では増えている。これは、新しい住宅地が開発されて転入者が増えただけでなく、沿線に子育て世代が集まったことによる人口の自然増が関係していると言えるだろう。

いっぽう地下鉄では、ほとんどの駅で増加している。これは都心回帰の動きによるものであろう。

道路の通行台数からの分析は少ない

いっぽう、道路のデータから地域の盛衰や都市の変化を予測する研究はほとんど行われていない。これは、鉄道と道路の特性のちがいによるものだ。東京圏の鉄道は、おもに人を運んでおり、駅の乗降人員が地域の人口分布や経済活動と密接に関係しているのに対して、道路は人とモノの両方を運ぶのに使われており、交通量が鉄道ほど地域の人口分布や経済活動と関係していない。だから、地域の盛衰を予測するデータ分析に使われないのだ。

第4章
交通事業者のリーダーに聞く「東京の将来」

JR東日本/東京メトロ/首都高

本章では、東京の交通インフラを支える代表的な交通事業者のリーダーにインタビューして、数値では表しにくい東京の将来像を探ってみた。

インタビューしたのは、東京圏における代表的な交通事業者3社（JR東日本・東京メトロ・首都高会社）の取締役だ。全員技術系であり、各社における長い実務経験を持っている。本来ならば、民鉄やNEXCOの各社の役員にもインタビューしたいところだが、交通のネットワークが及ぶ範囲が広がりすぎて焦点が定まりにくくなり、主となる傾向がわかりにくくなる恐れがある。そこで、範囲を23区に限定し、その交通をおもに担う交通事業者3社に対象を絞った。これら3社は、もともと公的な企業・団体で、民営化されて発足したという共通点がある。

4・1 直通運転が人々の行動と街を変えた――JR東日本

最初に紹介する東日本旅客鉄道株式会社（JR東日本）は、東京圏を代表する鉄道会社であり、年間輸送人員では世界最多を誇る鉄道事業者でもある。その営業路線の範囲は東京圏のみならず、東北・甲信越地方にも及んでいるが、年間輸送人員の約9割を東京圏が占めている。山手線や中央線などの東京の骨格として機能する鉄道を運営しているのも、JR東日本である。

インタビューに応じてくれたのは、同社の代表取締役副社長で鉄道事業本部長の川野邊修さん（写真４－１）。その役職名の通り同社の鉄道部門のトップであり、運行管理に詳しく、後述する通り過去に湘南新宿ラインの開業に関わった経験も持つ人物だ。

写真4-1｜川野邊修さん

東京圏ＪＲの混雑率は30年で71ポイント減

川野邊さんに東京圏の鉄道ネットワークにおけるこれまでの変化を聞いたところ、真っ先に混雑緩和の話をしてくれた。東京圏の鉄道にとって最大の課題は混雑緩和なので、当然といえば当然だろう。

ＪＲ東日本は、１９８７年４月に国鉄分割民営化によって発足したが、当時の東京圏における鉄道の混雑率は、いまよりもはるかに高かった。

「ＪＲが発足したとき、（東京圏のＪＲ在来線における）朝ラッシュの混雑率が２３８％だったんです。最大ではなくて、１時間の平均ですよ」

混雑率の数値を聞いてもピンと来ない人のために説明しておこう。国土交通省鉄道局監修『数字でみる鉄道』の「混雑率の目安」（図４－１）には、次のように記されている。

■150％　広げて楽に新聞を読める。
■180％　折りたたむなど無理をすれば新聞を読める。
■200％　体がふれあい相当圧迫感があるが、週刊誌程度なら何とか読める。
■250％　電車がゆれるたびに体が斜めになって身動きができず、手も動かせない。

いまとなっては、電車の中で新聞や週刊誌を読む人は少なくなったが、どのような混雑状況であるかはこの「混雑率の目安」でおおまかにご理解いただけるだろう。また、この目安には３００％の説明はないが、いかに混み合った状況であるかはご想像の通り。身動きができないどころか、これ以上人が乗ることが困難とさえ思える寿司詰め状態だ。

実際に当時は、１時間平均の混雑率が３００％を超える区間が東京圏の鉄道ネットワークに存在した。それゆえラッシュ時の混雑状況は「殺人的」とさえ言われ、社会問題となった。

「そこで当社では、発足以来、東京圏の鉄道の混雑緩和に取り組んできました。列車の運転本数を増やしたり、１編成の車両数を増やしたり、車体幅が広い車両を導入したりと、輸送力を増強するためのさまざまな対策を講じ、増え続ける輸送需要に応えてきたのです」

その結果、東京圏全体のＪＲ在来線の１時間平均混雑率は減少した。２００７年度には１８５％、２０１７年度には１６７％となったので、ＪＲ発足から20年目で53ポイント、30年目で71ポイントも混雑率が下がったことになる。数値の上では、すでに大きな成果が出ているのだ。

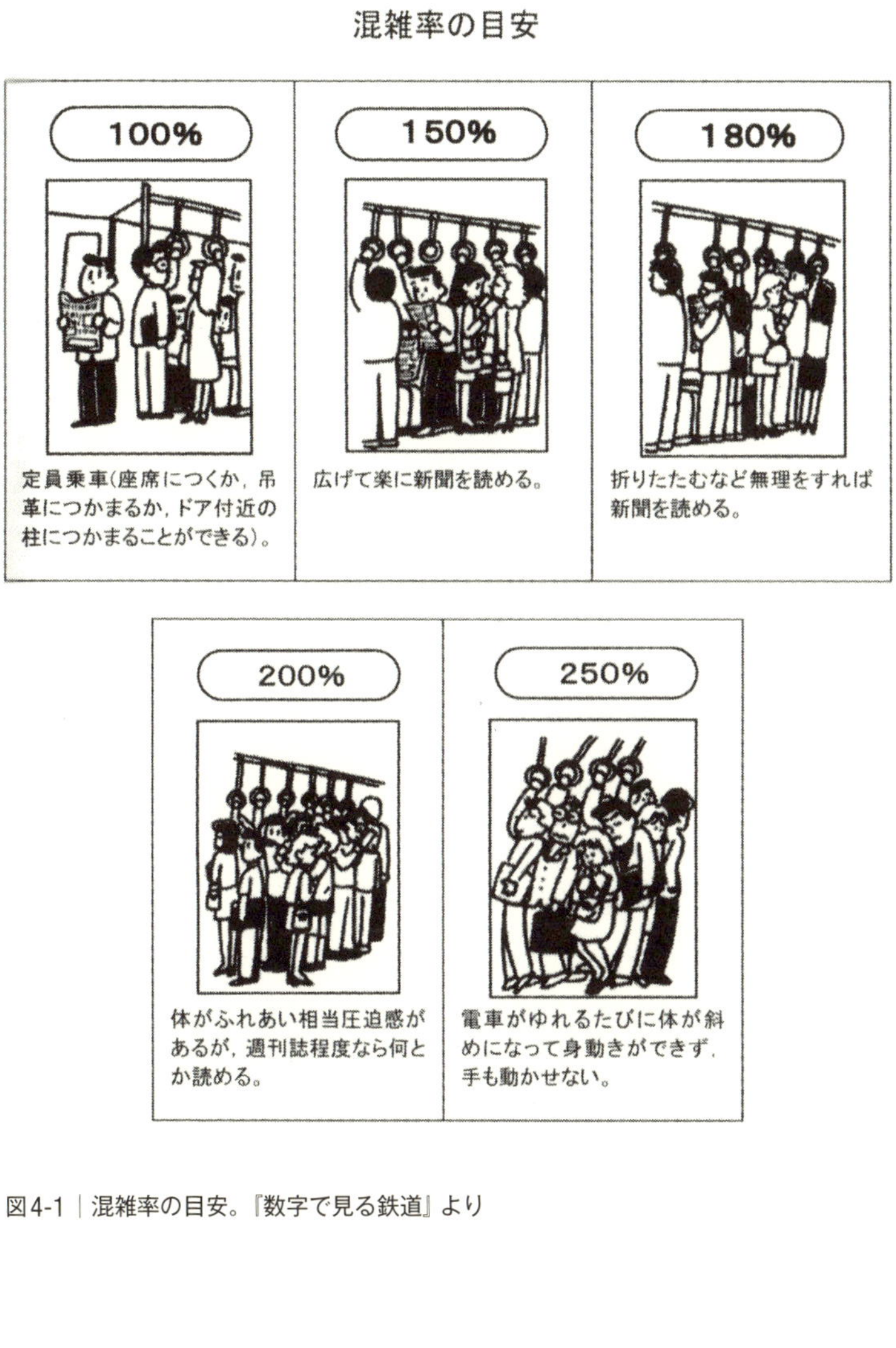
混雑率の目安
100%
定員乗車(座席につくか，吊革につかまるか，ドア付近の柱につかまることができる)。
150%
広げて楽に新聞を読める。
180%
折りたたむなど無理をすれば新聞を読める。
200%
体がふれあい相当圧迫感があるが，週刊誌程度なら何とか読める。
250%
電車がゆれるたびに体が斜めになって身動きができず，手も動かせない。

図4-1｜混雑率の目安。『数字で見る鉄道』より

とはいえ、利用者の立場から言えば、ラッシュ時の混雑がそれほど大きく緩和されたとは実感しにくいが、それは混雑が長い時間を経て少しずつ緩和されたからだ。

湘南新宿ラインと上野東京ラインが混雑緩和に寄与

東京圏のJR在来線で混雑率が減った要因の1つに、直通運転サービスの導入がある。第2章で述べた湘南新宿ラインと上野東京ラインはその代表例だ。

「湘南新宿ラインが開業したとき、私は輸送計画を担当する次長だったんです。前任者が湘南新宿ラインの運行計画案をつくり、私のときに運行を開始しました」

そう言って、開業から現在に至るまでの経緯を懐かしそうに語ってくれた。

湘南新宿ラインは、2001年に開業し、いまではなくてはならない存在となった。その運転本数（平日）は、開業当時は25往復だったのに対して、いまでは67往復。新宿駅の埼京線ホームに行くと、りんかい線に乗り入れる埼京線の列車と、湘南新宿ラインの列車が頻繁に発着している。

「ただ、その輸送需要の予測は容易ではありませんでした。平日は、横浜・宇都宮・高崎方面から新宿に向かう通勤のお客さまが多いだろうと思っていましたが、実際は新宿を通過して南北に移動するお客さまも多かった。土日は平日よりもグリーン車のお客さまが少なくなると思っていましたが、定着するにしたがって観光客や家族連れが多く利用するようになりました。土日の朝ですと、ゴルフや山に行くために北上するお客さまだけでなく、横浜方面に観光に行くために南下するお客さまも多いようです」

現在東京圏の普通列車のグリーン車では、ICカード式乗車券であるSuica（スイカ）を利用したグリーン車Suicaシステムが導入されているが、これも湘南新宿ラインの開業とともに導入されたシステムだ。

「最初は（車内改札を実施する回数を減らすため）普通列車のグリーン車を指定席にしようと思っていたんですが、列車が遅れたら混乱することに気づいたんです。たとえば東海道線の列車は最短3分間隔で発着するので、指定券を購入されたお客さまは、遅延が生じたからといって遅れた列車に乗っていただけない。そこでSuicaを利用したグリーン券を導入することになり、1年間かけてあのシステムを開発したんです。また、グリーンアテンダント（客室乗務員）が車内改札をする回数を減らすため、車内で精算するより駅で事前に購入するほうがグリーン料金が安くなるようにしました。休日の方が平日よりもお客さまが少なくなると予測していたので、気軽に乗っていただけるように休日のグリーン料金を安くしました。このような料金設定は日本では初めてだったので、ご批判をいただくかと思いましたが、混乱することなく受け入れられました」

いっぽう上野東京ラインは、上野－東京間を直通する線路を増設する大規模な工事をした関係上、湘南新宿ラインよりも14年遅れて2015年に開業したが、こちらもなくてはならないサービスとなりつつある。

「この開業でわれわれがもっとも腐心したのは、お客さまの案内でした。たとえば横浜から宇都宮・高崎方面に向かうお客さまは、湘南新宿ラインと上野東京ラインの2つのルートのどちらかを選択することになった。では、どちら経由が早く目的地に到着できるのか。それをいかにお客さまに的確に伝えるかが、大きな課題でした」

第2章でもふれたように、上野東京ラインの開業で、並行する山手線や京浜東北線の混雑が緩和した。また、乗り換えが解消されたことで、所要時間が10分程度短縮された。さらに、従来上野駅止まりだった常磐線の列車が東京駅や品川駅に乗り入れるようになり、新幹線などへの乗り換えが便利になった。

「実際にやってみて、こうした直通運転サービスはお客さまに喜ばれるサービスであることを実感しました。乗り換えなしで移動できるというのは、まさしくバリアフリーですからね。明確なデータはありませんが、湘南新宿ラインや上野東京ラインを開業させたことで、南北方向の旅客流動が増え、1割程度お客さまが増えたのではないでしょうか」

そのいっぽうで、利用者からの批判もあるようだ。

「お客さまからは、直通運転サービスを導入してから輸送トラブルが増えたというご批判があるのですが、ざっくり言うと、トラブルの件数は導入後もあまり増えていないんですよ。ただ、トラブルの影響を受ける範囲が広がったことで、お客さまへの影響件数が増えているのは事実です」

たしかに、直通運転サービスの導入によって、トラブルの影響を受ける範囲が広がった。たとえば東海道線は、もともと東京駅止まりで、他路線の影響を受けにくい路線だったが、上野東京ラインが開業したことで、宇都宮線や高崎線、そして常磐線に影響を及ぼすようになった。つまり、神奈川県で起きたトラブルによる影響が、隣接する静岡県や東京都だけでなく、埼玉県や群馬県、栃木県、千葉県、茨城県にも及ぶようになったので、利用者の立場ではあたかもトラブルの件数が増えたように感じるのだ。

また、鉄道輸送を支える現場の立場では、運行管理が難しくなった。これまで個々に列車を運行していた複数の路線がつながることで、経路のパターンが増え、運行管理が複雑になったからだ。

筆者は、東京圏のJR在来線の運行管理を司る東京総合指令室を取材したことがある。そこには、各路線の指令ブロックとは別に、直通運転サービス用の指令テーブルがあり、モニター画面に列車の動きを示す複雑な列車ダイヤが表示されていた。列車が1本でも遅れれば、多方面の列車の運行に影響を与えるし、ダイヤを正常に戻すことがきわめて難しいことは、その画面を見れば一目瞭然だった。

「直通運転サービスを始めたことで、弾力性が少なくなり、トラブルに対して弱くなっていますから、現場は知恵でカバーしてお客さまへの影響をできるだけ小さくしようと頑張っています。たとえば、東海道線が川崎駅でのトラブルで止まってしまったときは、急遽列車を横須賀線経由にして品川－横浜間の輸送を確保したり、トラブルに関するできるだけ多くの情報を車内放送などで提供して、お客さまがイライラする要因を減らしたりと、さまざまな工夫をしています」

こうした直通運転サービスは、既存路線の利便性を向上させ、沿線を「上がる街」にしたとも考えられる。たとえば上野東京ラインの開業によって、宇都宮線や高崎線、常磐線の列車が東京駅に乗り入れるようになり、新幹線との乗り継ぎが便利になった。また、これらの列車が新橋駅に乗り入れたことで、霞ケ関や虎ノ門などのオフィス街にもアクセスしやすくなったし、品川駅に乗り入れたことで、京急線経由で羽田空港にもアクセスしやすくなった。こうした利便性の向上は、宇都宮線や高崎線、常磐線の沿線に住みたいと思う人を増やす要因にもなるだろう。

列車運行における今後の施策は3つ

ここまでは過去の出来事について聞いたが、今度はこの先に起きる変化について聞いてみた。川野邊さんによれば、列車運行における大きな変化はおもに3つあるという。相模鉄道（相鉄）線との直通運転開始と中央快速線へのグリーン車の導入、そして羽田空港アクセス線構想だ。

1つ目の相鉄線との直通運転は、相鉄線と横須賀線を連絡線で結んで実施するものだ（図4－2）。相鉄は、大手民鉄で唯一東京に乗り入れていない鉄道会社だったが、この直通運転によって新宿方面と結ばれる。連絡線の工事は順調に進んでおり、2019年度下期に開業する予定だ。

2つ目の中央快速線へのグリーン車の導入は、2023年度末に実現する予定だ。

「東京圏の5方面（国鉄時代に輸送力増強を図った東海道・中央・東北・常磐・総武の各方面）で唯一グ

リーン車が導入されていないのが中央（快速）線ですからね。早くやりたかったのですが、地上設備の工事に時間がかかるんです」

現在の中央快速線では、快速列車が10両編成で運転しており、駅のホームも10両分しかない。かといって、快速列車を普通車8両＋グリーン車2両とすると、輸送力が不足する。そこで、普通車10両＋グリーン車2両の12両編成で運転することになったのだが、その分だけ駅のホームを長くしなくてはならないし、信号機などの設備も移動させなければならない。そうした工事を中央快速線のすべての停車駅で実施するのだから、時間がかかるのは当然だろう。ただ、実現すればあの混雑が激しい中央快速線で着席できる機会が増えるのだから、沿線住民にとっては大きなメリットになるだろう。

3つ目の羽田空港アクセス線は、多くの方面

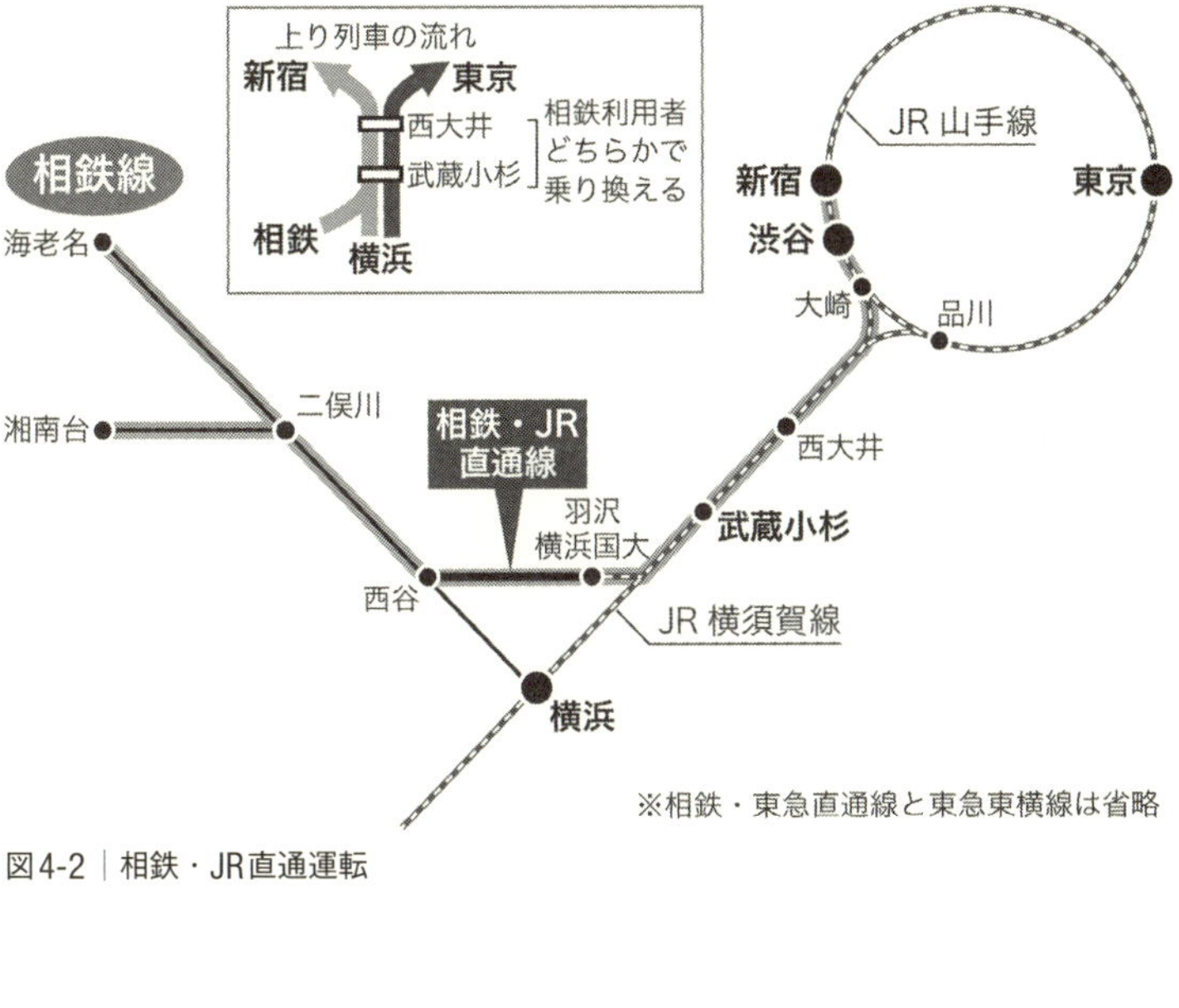

図4-2｜相鉄・JR直通運転

からの列車が羽田空港に直接乗り入れるという構想だ（図4－3）。

「これは、都心から離れた遠方から羽田空港にダイレクトにアクセスできるようにするものであり、都心と羽田空港を結ぶ京急線や東京モノレールとは役割が異なるので、お互いに役割分担ができると思います。また、この構想が実現することで、羽田空港にアクセスする鉄道の輸送力を2倍近くに増やすことができるので、羽田空港における今後の利用者の増加に対応できると思っています。ですから、これはJR東日本の施策というよりは、首都・東京の力を上げていくものであり、日本全体にとっても大きな施策だと思いますね」

とはいえ、これを実現すると列車の動きのパターンが増え、運行管理が難しくなるのではないだろうか。

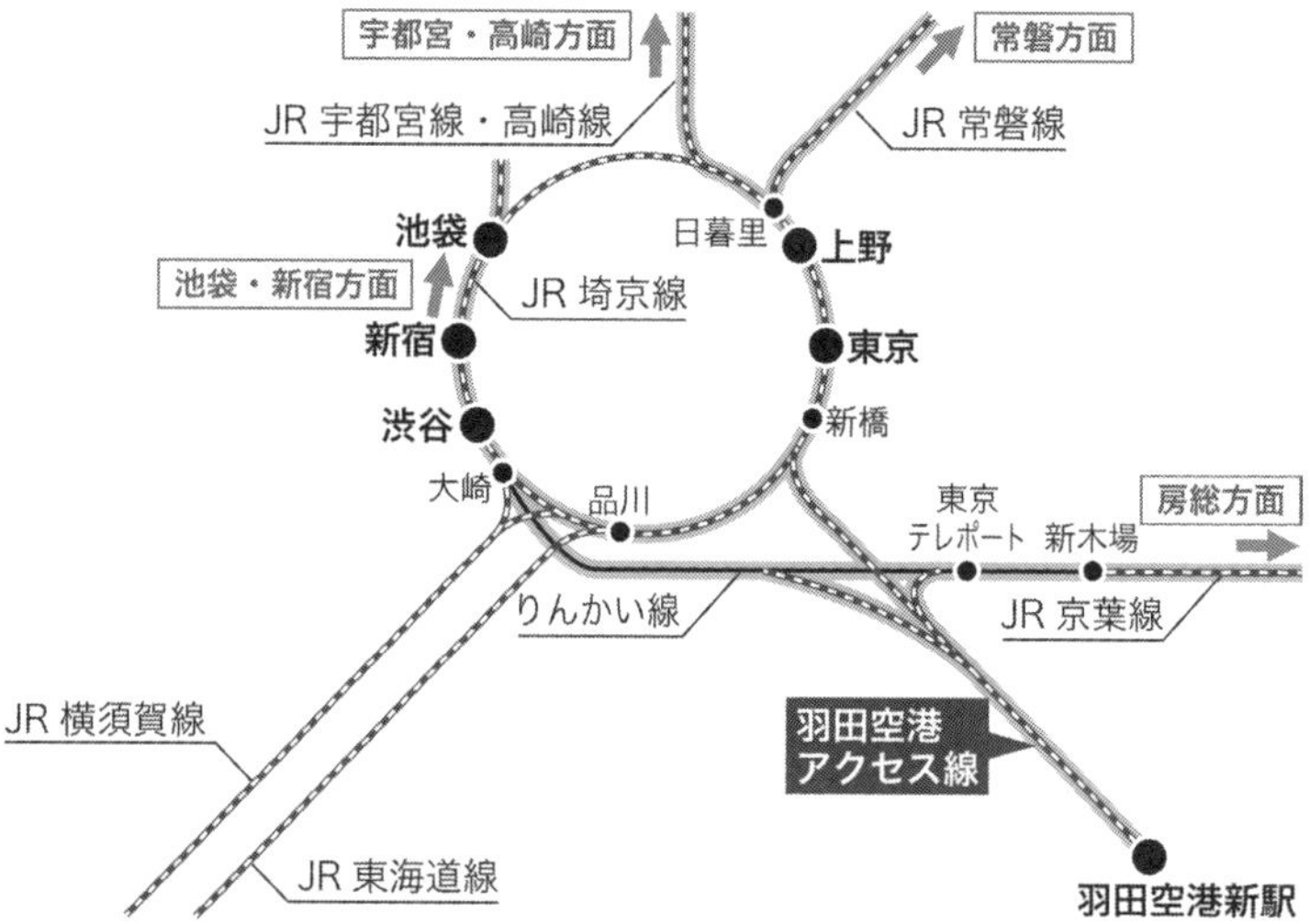

図4-3｜羽田空港アクセス線構想

「そうなんですよ。運行管理はより難しくなりますね。羽田空港に行く列車が現在の東京圏ネットワークに入ってくることになるから。とはいえ、列車が遅れるとお客さまのスケジュールに影響を与えてしまうので、そうならないように安定輸送をすることがわれわれの使命だと思っています」

なお、羽田空港アクセス線の開業時期は未定だ。GOサインが出ても、それから環境アセスメントをふくめて開業まで10年ぐらいかかるので、現時点では明確な開業時期は言えないそうだ。

利用者が増え続ける武蔵小杉駅への対応

続いて、今後の駅の変化について聞いてみた。

最初に聞いたのは、近年利用者数が急増した武蔵小杉駅についてだ。

「お客さまが増えていただくことはうれしいことなんですが……武蔵小杉駅は乗り換えも含めてお客さまが増えていますね。新宿や川崎、横浜、そして成田空港へも乗り換えなしで行ける便利な駅ですから。1日平均乗車人員でいうと、横須賀線の新駅開業前の2009年度が約7・7万人。それから毎年約5％ずつ増加して、2017年度には約13万人に達しました。いまでも新しいマンションの工事が進められているので、まだまだ増えるでしょうね」

武蔵小杉駅の横須賀線のホームは、第2章でもふれたように、ラッシュ時の混雑が激しいという問題がある。

「そこで、2018年4月に臨時改札を設けたり、ホームにあった清涼飲料水の自動販売機を撤去させたりしてきたのですが、それでも対応が難しくなったので、ホームを増設することにしました。いまは1本のホームに上り線と下り線の線路が面しているのですが、新たに下り線専用のホームを増設して、混雑緩和を図る予定です」

ホーム増設に踏み切った背景には、今後予定されている相鉄線との直通運転も、関係しているようだ。

「相鉄線との直通運転が始まると、連絡線を通った上り列車が最初に武蔵小杉駅に停車するんです。直通列車（10両編成）は新宿方面に向かいますが、品川・東京方面に向かうお客さまもいますので、直通列車の多くのお客さまが武蔵小杉駅で降りて品川・東京方面への列車に乗り換えることも想定しなければならない。もちろん、乗り換えは武蔵小杉駅だけでなく、隣の西大井駅でもできるので、お客さまは武蔵小杉駅が混むとわかれば、西大井駅で乗り換えてくれると思います。ただ、実際はどうなるかわからないので、対応を考える必要があります」

高輪ゲートウェイ駅の新設と渋谷駅の改良

次に、高輪ゲートウェイ駅（インタビュー時の仮称は品川新駅）について聞いてみた。この駅は、田町－品川間にできる新駅で、周辺では車両基地の跡地を再開発した新しい街が築かれる。

「品川新駅は２０２０年春に開業しますが、周辺の街開きは２０２４年ごろを予定しています。駅づくりと街づくりをセットで進めますが、事業主体となって街づくりをするのは、ＪＲ東日本としては初めてです。２０２７年にはリニア中央新幹線が乗り入れてくるので、これから品川全体のポテンシャルは上がるんじゃないでしょうかね」

ＪＲ東日本は高輪ゲートウェイ駅の１日平均乗車人員をすでに予測している。それによれば、２０２０年の開業時は鶯谷駅程度（約２万人）で、最終的には恵比寿駅程度（約13万人）になる見込みだ。これらの数値を見ると、高輪ゲートウェイは確実に「上がる街」になりそうだ。

いっぽう渋谷駅はどうだろうか。この駅では、もともと山手線と埼京線のホームが南北に離れていて乗り換えが不便だったが、近年進められ

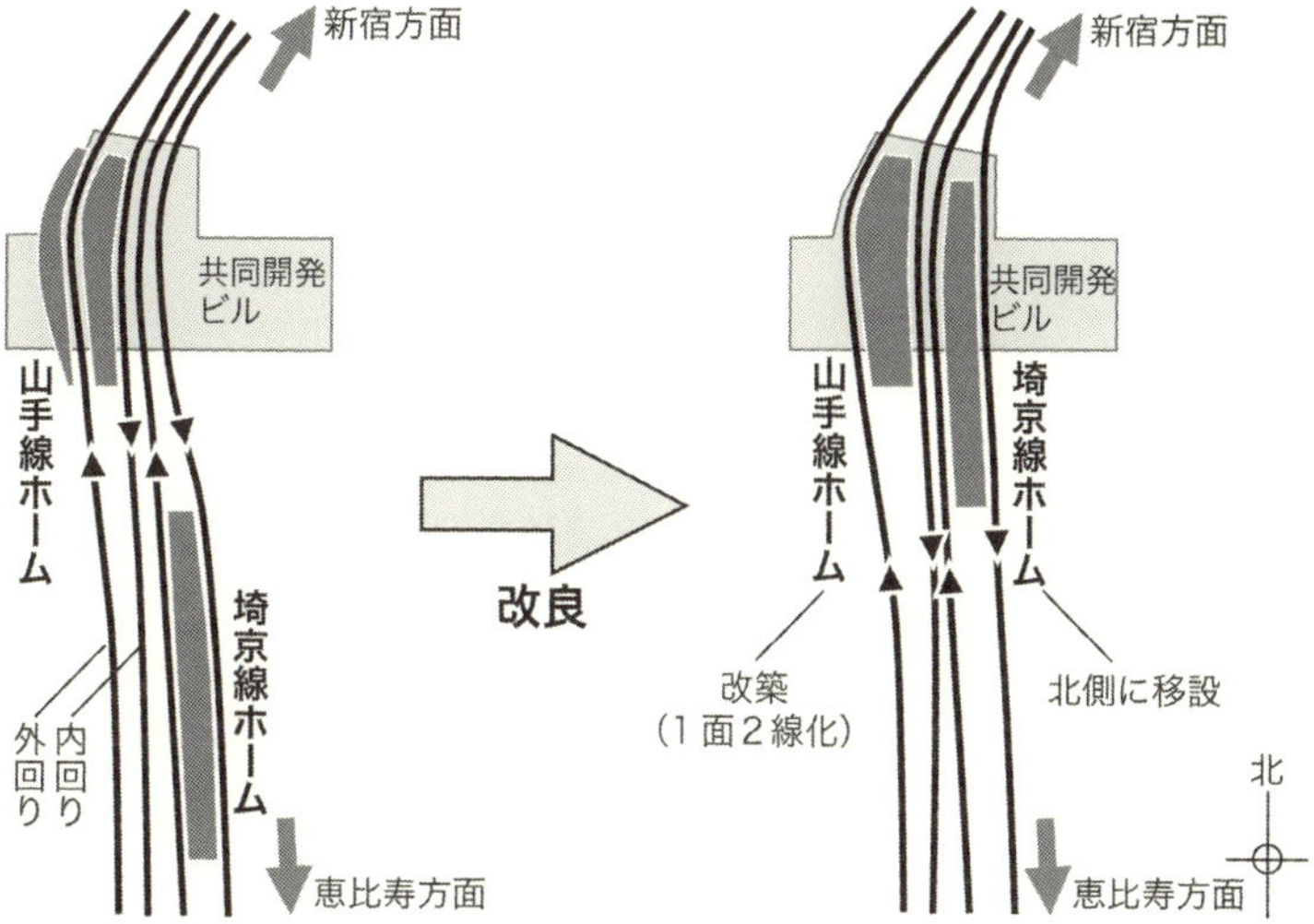

図4-4｜JR渋谷駅の改造（イメージ）

ている再開発と並行して埼京線のホームが山手線のホームの真横に移設され、乗り換えがしやすくなる（図4－4）。となれば、外国人観光客が集まるようになったスクランブル交差点に近いハチ公口から、埼京線や湘南新宿ラインの列車や、「成田エクスプレス」を利用しやすくなる。

「だから、渋谷駅のポテンシャルも上がるのではないかと期待しています。この駅では、（東京メトロ副都心線と東急東横線の）相互直通運転が始まって以来、（乗り換え客が減少して）乗車人員が少し減ってしまったのですが、埼京線のホームの位置がシフトすれば、駅全体の利便性が向上するので、乗り換えるお客さまだけでなく、乗降するお客さまも増える可能性があります」

利用者数減少へどう備えるか

次に、これから起こる人口減少の影響について聞いてみた。

「（JR東日本が2018年に発表した中長期計画である）『変革2027』でも述べていますが、今後想定されている人口減少は、鉄道経営に大きな影響を及ぼします。鉄道を利用するお客さまが減ってしまうだけでなく、鉄道で働く人の確保も難しくなってきますので、いまのうちから様々な施策を打っていかなければなりません」

今後は人口減少だけでなく、働き方改革によっても、鉄道を利用する人が減ってしまう可能性がある。

「在宅勤務をふくむテレワークや、都心から離れたサテライトオフィスで働く人が増えることは、我々にとって大きな脅威です。とくに東京圏では、通勤定期で鉄道を利用されるお客さまが多いので、働き方の変化でその数が減ってしまうのは大きなマイナスです。そのため、お客さまの潜在的なニーズを掘り起こして旅客流動を増やし、少しでも鉄道を選択してもらうための施策がこれから絶対に必要になります」

では、どのようにして潜在的ニーズを掘り起こすのだろうか。

「鉄道をストレスなく利用できるようにして、より多くのお客さまに鉄道を利用していただきたいと思っています」

たしかに東京圏のＪＲ駅では、北海道・東北・甲信越・北陸への旅に誘うポスターがたくさん貼られている。人口が集中する東京圏からこうした地方へ鉄道を利用して旅行する人が増えれば、それが人口減少などによる収入減を穴埋めできる可能性がある。

「鉄道をストレスフリーで利用してもらうために、まずチケットレス化を進めています。飛行機はＱＲコードで乗れますが、鉄道ではいまも駅で『切符』を売っている。そこで東京圏限定ですが、Ｓｕｉｃａで新幹線に乗れるようにしましたし、一部の在来線特急でもチケットレス化を始めています。また、ＭａａＳ（マース、Mobility as a Service の略。従来型の交通・移動手段にシェアリングサービスなどを統合した次世代交通の概念）の検討も進めており、バスやタクシーなどの二次交通や、ホテルの予約・決済をＳｕｉｃａで一括してできるようにしたいと考えています」

こうしたＪＲ東日本の施策は、沿線の利便性を向上して「上がる街」を増やすだけでなく、「下がる街」が下げ止まる要因にもなると考えられる。

労働者不足にどう対応するか

いっぽう、鉄道で働く人、つまり労働者が不足することについてはどう対応するのだろうか。

「作業の機械化や、システムによる作業の効率化で対応したいと考えています。そのため当社では、技術革新の成果を積極的に取り入れていくために、２０１８年6月に組織改正をして、技術イノベーション推進本部をつくりました」

ドライバレス運転、つまり運転士がいない究極の自動運転についても語ってくれた。

「ドライバレス運転については、技術はすでに確立されているのですが、これまでは新交通システムである『ゆりかもめ』のような外乱が入りにくい鉄道でしか実現できませんでした。そこで、最新技術を導入するなかで、ドライバレス運転の適用範囲を広げていくための枠組みづくりを国土交通省と鉄道事業者などで検討しているところです」

ＪＲ東日本は、このインタビュー取材の直後（２０１８年12月4日）に、山手線でドライバレス運転の実現に向けた試験運転を実施すると発表した（写真４－２）。終電後の山手線で試験運転を行い、ドライバレス運転に不可欠な自動列車運転装置（ＡＴＯ）の評価や課題の抽出をするのが狙いだ。

山手線で全駅にホームドアが整備され、外乱が入りにくい条件がそろえば、ドライバレス運転が実現する日は案外近いかもしれない。

もし既存の鉄道でのドライバレス運転が実現すれば、たんに乗務員が不要になるだけでなく、輸送需要に応じて運転本数をフレキシブルに変えることが可能になる。いまのように深夜に運転本数が減り、列車が混雑することも少なくなるだろう。こうしたことは、『ゆりかもめ』などですでに実現している。既存の鉄道でも実現すれば、利便性が向上する地域が広がり、「上がる街」を増やすことにつながると考えられる。

写真4-2｜山手線の新型電車（E235系）。自動運転の試験が行われた

JR東日本沿線の「上がる街」ベスト3

表4－1は、この10年間でJR東日本におけ

る1日平均乗車人員の伸びが大きい駅のトップ3を示している。乗車人員とは、乗車した旅客数のことであり、降車した旅客数（降車人員）はふくんでいない。

これによれば、1位は武蔵小杉駅、2位は大崎駅、3位は日暮里駅だ。JR東日本は、増加したおもな要因として、武蔵小杉駅と大崎駅は再開発、日暮里駅は日暮里・舎人ライナーの開業を挙げている。

武蔵小杉駅で利用者数が増えた要因が周辺の再開発によることは、繰り返し述べた通りだ。再開発事業は現在も進行中であり、周辺人口がさらに伸びる可能性がある。

意外なのは大崎駅だ。この駅はもともと工業地帯にあり、かつては山手線のみが停車する駅だった。ところが東京都が1982年に大崎を再開発地区に指定すると、駅周辺の再開発が緩やかに進んだ。また、2001年にりんかい線と埼京線、そして湘南新宿ラインが乗り入れると、一躍交通の要衝となり、再開発が加速した。これによって、明電舎やソニーなどの工場があった工業地帯が、超高層ビルが林立する地域に変貌した。このため、大崎駅は再開発だけでなく、乗換駅になって鉄道の利便性が向上したことが大きな要因になったと考えられる。

順位	駅名	おもな路線名	乗車人員（1日平均・人） 2007年度	2017年度	増加率（10年）	おもな要因
1	**武蔵小杉**	南武線 横須賀線	76,114	129,637	170%	再開発 横須賀線停車
2	**大崎**	山手線 埼京線	115,483	164,876	143%	再開発
3	**日暮里**	山手線 常磐線	81,444	113,468	139%	日暮里・舎人 ライナー開業

表4-1｜JR東日本乗車人員増加率トップ3（1日平均5万人以上の駅）

なお、２０１７年度の乗車人員（約16・5万人）は、山手線しか停車していなかったＪＲ発足当初（１９８９年度、約３・６万人）の約４・６倍だ。

日暮里駅では、ＪＲ東日本の指摘通り、２００８年に日暮里・舎人ライナーが開業してから乗車人員が増加した。ＪＲの日暮里駅の乗車人員は、２００７年度まで８万人程度で推移していたが、翌年に９万人を突破した。

日暮里・舎人ライナーは、東京都交通局が建設した路線で、鉄道空白地帯と言われた都内北部地域の利便を図ることを目的としていた。日暮里駅は同路線でもっとも乗車人員が多い駅だ。つまり、従来鉄道の恩恵を受けていなかった地域に住む人が、日暮里・舎人ライナーを多く利用するようになり、結果的にＪＲの日暮里駅の乗車人員を押し上げたと考えられる。

いっぽう、京成の日暮里駅では、成田スカイアクセスが開業した２０１０年から乗車人員が増えた。このことも、ＪＲの日暮里駅の乗車人員を押し上げた要因と考えられる。

なお、日暮里駅の東口付近では再開発が進められている。ここはもともと老朽化した建物が密集した地域で、再開発事業が進められた結果、住居や店舗、オフィスが入居する超高層ビルが３棟完成した（サンマークシティ日暮里）。その代表であるステーションガーデンタワーは、２０１０年に完成し、荒川区でもっとも高い建築物となっている。また、同じ東口付近では他にも同様の再開発事業が進められており、超高層ビルが少しずつ増えている。こうした再開発による周辺人口の増加も、ＪＲの日暮里駅の乗車人員を押し上げる要因になったと考えられる。

4・2 地下鉄大改造と駅の機能更新に尽力——東京メトロ

次に紹介する東京地下鉄株式会社（東京メトロ）は、東京の都区部とその周辺で地下鉄9路線を運営する鉄道会社だ。最古の路線である銀座線以外の8路線は、戦後に建設された路線であり、交通処理能力が不足した山手線などの既存の鉄道や路面交通を救済する目的で整備されたという歴史がある。

インタビューに応じてくれたのは、同社の常務取締役で鉄道本部長の野《の》焼計史《やきかずふみ》さん（写真4－3）。前出の川野邊さんと同様に、鉄道部門のトップだ。もと改良建設部長で、旧営団（民営化前の帝都高速度交通営団）に入団して以来、20年にわたり地下鉄の新線建設に携わった経験を持つ人物だ。

写真4-3｜野焼計史さん

地下鉄整備で「上がる街」が都心から外側に広がった

「『地下鉄ネットワーク整備の効果』、つまり、地下鉄整備が東京の発展にどのような影響を与えてきたのかをできるだけ定量的に分析したいというのが最近のテーマの一つです。私が期待する成果はまだ出ていませんけどね」

野焼さんはそう言い、テーブルに置かれた多くの資料を指差しながら、戦後における東京の地下鉄整備の話をしてくれた。

提供されたデータのなかでとくに興味深かったのが、地下鉄ネットワーク整備による所要時間短縮を示した図だ（図4－5）。これは、都心（千代田区）への通勤所要時間が60分以内と90分以内の地域を示しており、左は1968年、右はその40年後にあたる2008年のデータだ。1968年は、高度経済成長期の真っ只中で、東京圏で郊外へのスプロール化が進み、東京都周辺の3県（神奈川県・埼玉県・千葉県）で夜間人口が増えていたころだ。2008年は、副都心線の全線開業によって現在の地下鉄ネットワークが形成された年だ。

この図を見ると、40年間で60分以内と90分以内の地域が外側に広がり、同じ時間内で通勤できる範囲が広がったことがわかる。とくに都心から20㎞圏内では、60分以内の範囲が40年間で大幅に増えている。つまり、都心に通勤しやすい「上がる街」が外側に向かって広がったのだ。

地下鉄の整備は、通勤に要する所要時間を短縮するうえで大きな役割を果たした。従来山手線の内側の交通を大きく支えていた路面電車（都電）が地下鉄に置き換わることで、所要時間が短くなっただけでなく、既存の鉄道との相互直通運転の実施によって、主要ターミナル駅での乗り換えが解消されたからだ。

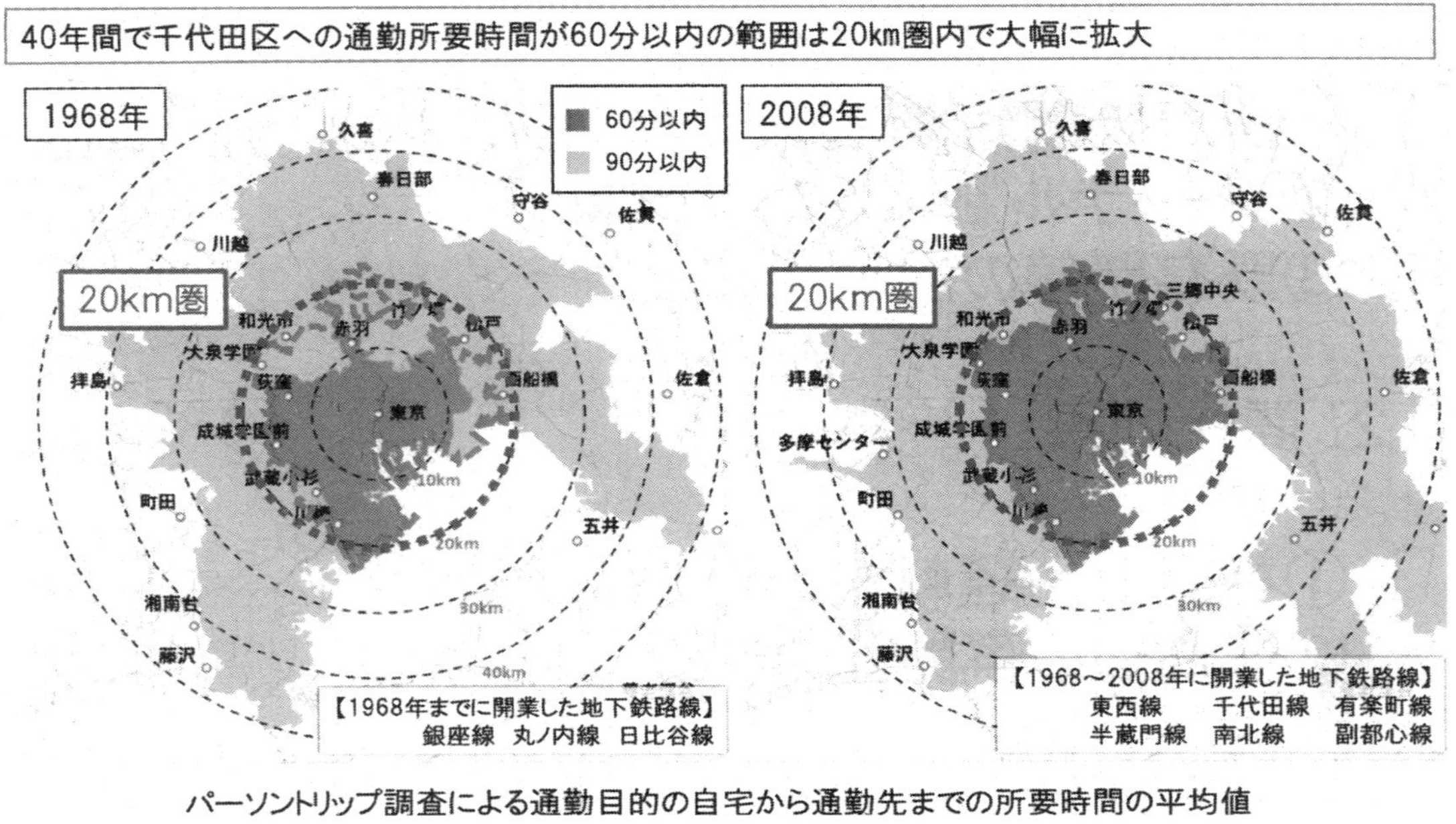

図4-5｜地下鉄ネットワーク整備による所要時間の変化

遅延抑制・混雑緩和のための「地下鉄大改造」

「東京メトロは現在、新線建設をしていませんが、既存路線の機能を再構築する大規模な改良工事を実施しています。既存路線の遅延を抑制したり、混雑を緩和するためには、一部の駅の改良だけでは不十分なので、路線全体を大改造し、生まれ変わらせることが必要になったのです」

そう語ってくれたのが、現在東京で進められている地下鉄大改造の話だ。

ここでいう地下鉄大改造とは、駅などの部分ではなく、路線ごと改造することを指す。つまり、一部の駅の改良工事だけでは、増え続ける輸送需要や施設の経年劣化に十分に対応できないので、路線ごと生まれ変わらせる「大改造」が必要になったのだ。

ただし、地下鉄大改造は、われわれ一般人が思う以上に難しい。大都市の地下では、上下水道やガス、電力、通信などのライフラインのケーブルや、鉄道や道路のトンネルなどが三次元的に交錯しており、残された空間が案外少ない。そのような狭隘《きょうあい》な地下空間で、エスカレータやエレベータを駅に新設する改良工事を実施するだけでも至難の技だ。大規模な改良工事をする地下鉄大改造ともなれば、その難易度はさらに上がる。

そのような地下鉄大改造が必要になったのは、人口の東京一極集中などによって地下鉄の利用者数が増加し、既存の鉄道施設ではさばききれなくなったからだ。東京の地下鉄ネットワークは、都市全体の交通処理能力を高めるうえで重要な役割を果たしたが、東京圏の人口はその交通処理能力を上回る勢いで増え続けたので、列車や駅の混雑が激しくなり、列車の遅延が起きやすくなってしまった。

そこで東京メトロは、副都心線を建設したあとに、地下鉄大改造に着手した。

現在大改造が進められている路線、その代表例が東西線だ。

東西線は、日本橋や大手町などのオフィス街を東西に貫く路線だ。国鉄（現在ＪＲ）中央・総武線の混雑緩和を目的として計画された「バイパス」であり、１９６０年代に整備され、１９６９年に全線開業した。

「この路線の江東区から千葉県にかけての地上区間は、沿線に蓮田しかないと言われるほど閑散とした場所だったんですよ。いまでは考えられないですがね」

ところが東西線が開業すると、その沿線は建物が密集する住宅地へと変貌した。蓮田があったのどかな場所が一挙に「上がる街」になったのだ。地下鉄の開通で日本橋や大手町に電車でおおむね30分以内にアクセスできる場所になったのだから、当然といえば当然であろう。

その後、東西線の利用者数は増え続けた。沿線人口が増えただけでなく、相互直通運転によって、乗り換えなしで都心にアクセスできる場所が増えたからだ。東西線は開業当初から中央・総武線と相互直通運転を実施していたが、１９９６年からは千葉県側で東葉高速鉄道とも実施するようになった。

その結果、東西線の混雑が激しくなった。現在の1日の利用者数は、全線開業時（1970年度）の1・9倍に膨れ上がり、先ほどの地上区間から都心に向かう列車の混雑率は、一部区間（木場→門前仲町間）で同社最高の199％（2017年度）になった。

それゆえ、列車の遅延も起こりやすくなった。駅のホームでの混雑も激しくなり、利用者の乗降に時間がかかるようになったことで、列車がダイヤ通りに走れなくなり、ラッシュ時に安定した輸送を実施することが難しくなった。

東京メトロは、ハードとソフトの両面で対策し、混雑や遅延の問題を緩和しようとしてきたが、それだけでは十分な成果が得られなかった。

そこで、東西線を路線ごと大改造することになった。3駅（茅場町駅・木場駅・南砂町駅）で大規模改良工事を実施するだけでなく、1駅間（飯田橋－九段下間）に折り返し設備を増設し、遅延の抑制と輸送力増強を図ることにした。複数の駅をまとめて工事して、路線全体を生まれ変わらせ、数々の課題を一度に解決するのが狙いだ。

もちろん、工事は、東西線の日々の列車運行を止めずに実施する。

東京の地下鉄は工事中も運休が許されない

「これって、麻酔せずに手術するようなもんですよね」

この工事を進める難しさを、野焼さんはこう表現した。前社長から教わったという。驚くような表現だが、話を聞くとそれが大げさでないことがわかる。

「ロンドンやニューヨークの地下鉄では、大規模な改良工事を実施するときに、駅や路線ごと休止することがよくありますね。営業を止めてしまえば、コストと時間を節約して工事できるから。駅の営業を一定期間取り止めたり、利用者数が少ない週末に路線ごと運休にして代行バスを走らせ、工事を進めることも珍しくない。効率よく工事を進めることを考えれば、まさに合理的です」

ところが日本、とくに東京の地下鉄ではこのような工事を実施することがきわめて難しい。東京は、地下鉄利用者数が世界でとくに多い都市であり、列車や駅の混雑も激しい。そのうえＪＲ山手線よりも内側の都市交通が地下鉄に大きく依存しているので、地下鉄を止めると社会全体に大きな影響が及んでしまう。

「東京では、バスによる代行輸送が難しいだけでなく、１駅だけでさえも営業を止めることが社会的に許されにくい。だから、（たとえ工事のコストが増え、期間が長くなろうとも）駅や路線の営業を続けながら工事を進めるしかないんです」

ただ、地下鉄の営業を続行しながら工事を進めることは、その当事者にとって非常に神経をつかうことだ。営業列車が走らない時間は終電から始発までの4時間程度しかないし、その間にすべての作業を終えることもできない。となれば、営業列車が行き交う時間帯にも工事を進めるしかないが、当然のことながら営業運転に影響を与えることはできない。わずかな影響が大きな輸送障害の要因となり、列車が遅れ、輸送が混乱する。電車が2〜3分間隔で走るラッシュ時ともなればなおさらだ。

筆者はその非常に神経をつかう工事の現場を見せてもらったことがある。

それは、東京メトロが副都心線全線開業後に最初に手がけた地下鉄大改造で、有楽町線の千川–小竹向原間にバイパスとなる連絡線を設置する工事だった（図4–6）。これは、迂回路となる連絡線を2本追加して、ボトルネックとなっていた平面交差を解消し、遅延を抑制することを目的としたものだった。

この工事では、列車が走らない深夜に既存のトンネルの一部を切断し、1個あたり重さが約10トンあるブロックを地上に運び出す必要があった。2本ある連絡線のトンネルを新たに設けるには、既存のトンネルの天井や壁を撤去して、新旧のトンネルを接続しなければならないからだ。

トンネルの天井の切断作業が深夜に終わらないときは、ブロックを仮吊りして固定したまま、列車を走らせることもある。

もしも工事上のトラブルで有楽町線の列車が止まれば、副都心線の列車も止まる。当然、それらと接続する東武東上線や西武池袋線、東急東横線、みなとみらい線の輸送にも影響が及ぶ。人体に麻酔をして手術をするように、有楽町線の営業運転を止めて工事をすることができればいいが、東京ではそれが許されない。

これまでの説明で、「麻酔をせずに手術をする」という表現がけして大げさでないことがご理解

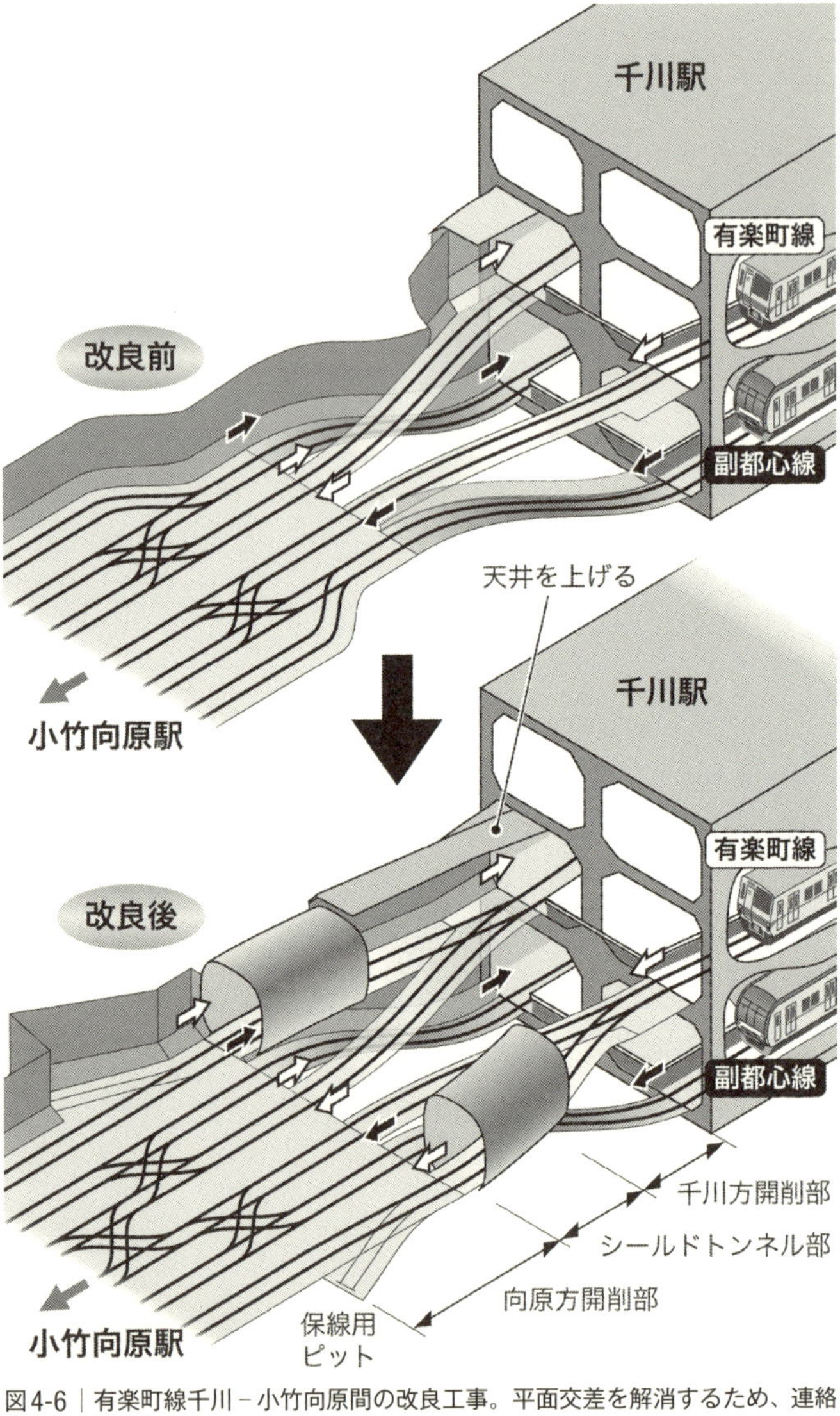

図4-6｜有楽町線千川－小竹向原間の改良工事。平面交差を解消するため、連絡線を2本増設した

いただけたであろう。

もし工事の当事者だったら、日々ヒヤヒヤしながら安全確保のために神経をすり減らすだろう。筆者は有楽町線の改良工事の現場を目の当たりにしてそう思った。

なお、東西線木場駅では、もっと難易度が高い改良工事が行われている（図4－7）。従来通りの列車運行を続行しながらシールドトンネルを解体して駅の地下空間を広げるという、世界で前例がない工事が実施されているのだ。インタビュ

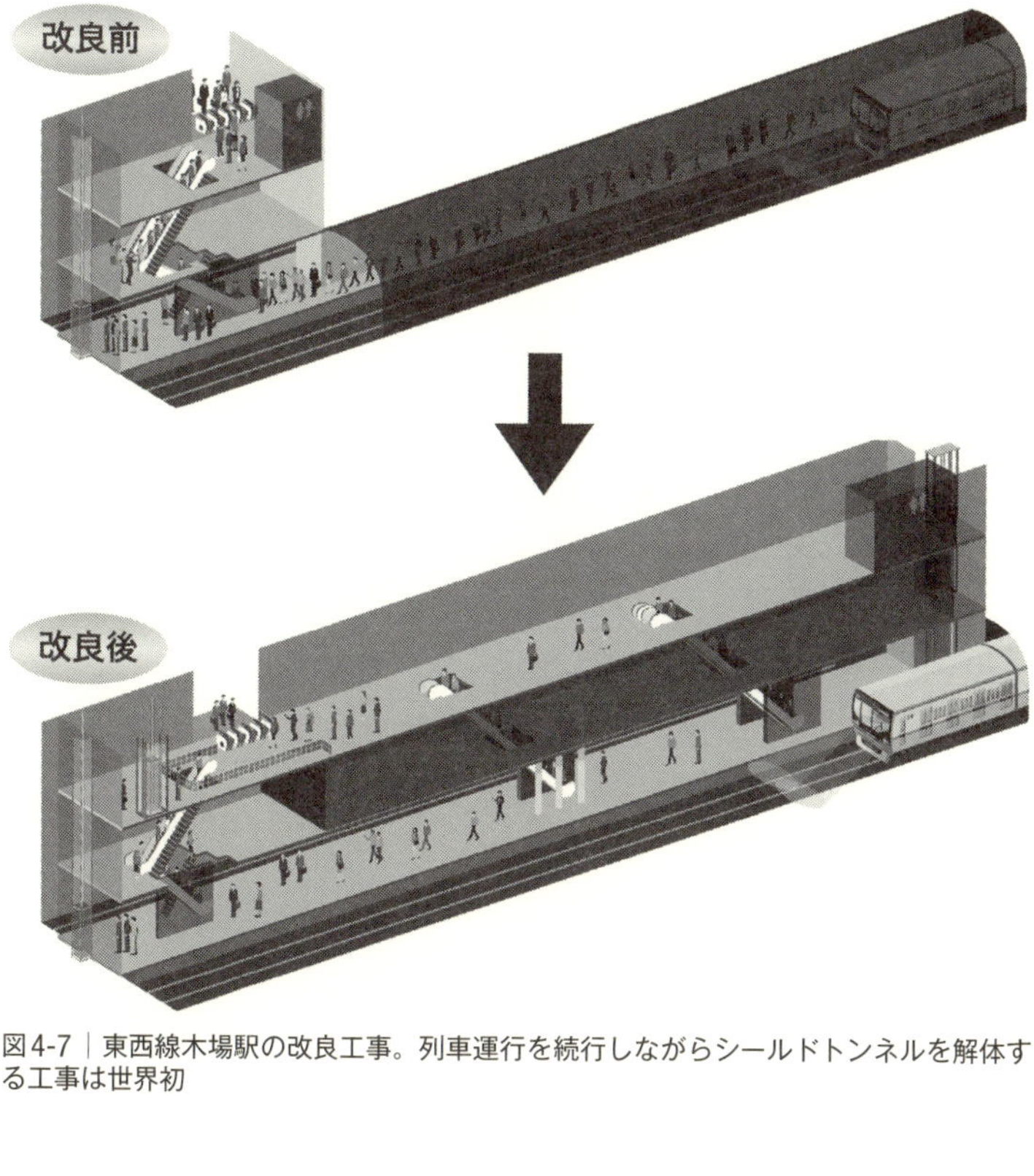

図4-7｜東西線木場駅の改良工事。列車運行を続行しながらシールドトンネルを解体する工事は世界初

ーをした2018年11月時点では、木場駅のホームに立っても工事の様子はわからないが、これからセグメント（円弧状のブロック）を一つ一つ撤去して、円筒形のトンネルの壁を解体する作業が行われる（写真4－4）。前代未聞の難工事だ。

このような工事が必要になったのは、第2章でふれた通り、木場駅の混雑が激しくなり、列車の遅延が頻発するようになったからだ。そこで、駅そのものを大改造してコンコースを増設し、混雑緩和を図ることになったのだ。

都とともに進める地下鉄駅周辺の再開発

東京の都心部では、木場駅近辺以外にも、さまざまな地域で再開発が進められており、人通

写真4-4｜工事が本格化する前の東西線木場駅。今後はトンネルの壁を構成するセグメントを解体する工事が実施される

りがあまりなかった「下がる街」が近未来的な「上がる街」になるという逆転現象も起きている。こうした再開発は、２０２０年の東京五輪以降も続く。

駅周辺の再開発と連携した地下鉄駅の改造も進んでいる。東京都も既存の地下鉄駅とセットで新しい街をつくることを施策として推進している。

東京都都市整備局が２０１８年3月に発行した『都市づくりのグランドデザイン』の第5章には、「鉄道ストックを基軸に誰もが移動しやすいまちをつくる」という政策方針があり、その取り組みの一つとして「地下鉄駅を中心としてまちの顔をつくる」ことが記されている。

その代表例として挙げられているのが、中央区の東京スクエアガーデンだ。この施設は銀座線京橋駅と直結しているだけでなく、地下1階の一部が吹き抜けで、地上から見える構造になっており、京橋駅にスムーズにアクセスできる構造になっている。また、駅構内も東京スクエアガーデンの建設と並行して改造され、リニューアルされた（図４－８）。まさに再開発事業と地下鉄駅の改造をセットで進めたのだ。

「この改造はたんなるリニューアルではなく、京橋駅の機能更新にもつながっています。再開発事業者と協力することで、従来駅の中央にあったトイレや機械室を別の場所に移設して、そのスペースに階段やエレベータを増設した。つまり、再開発事業者とＷｉｎ－Ｗｉｎの関係を結びながら、お客さまがより使いやすい駅に造り変えたのです」

開発事業者と連携して新たな街づくりの顔となる駅をつくる例としては、日比谷線虎ノ門ヒルズ

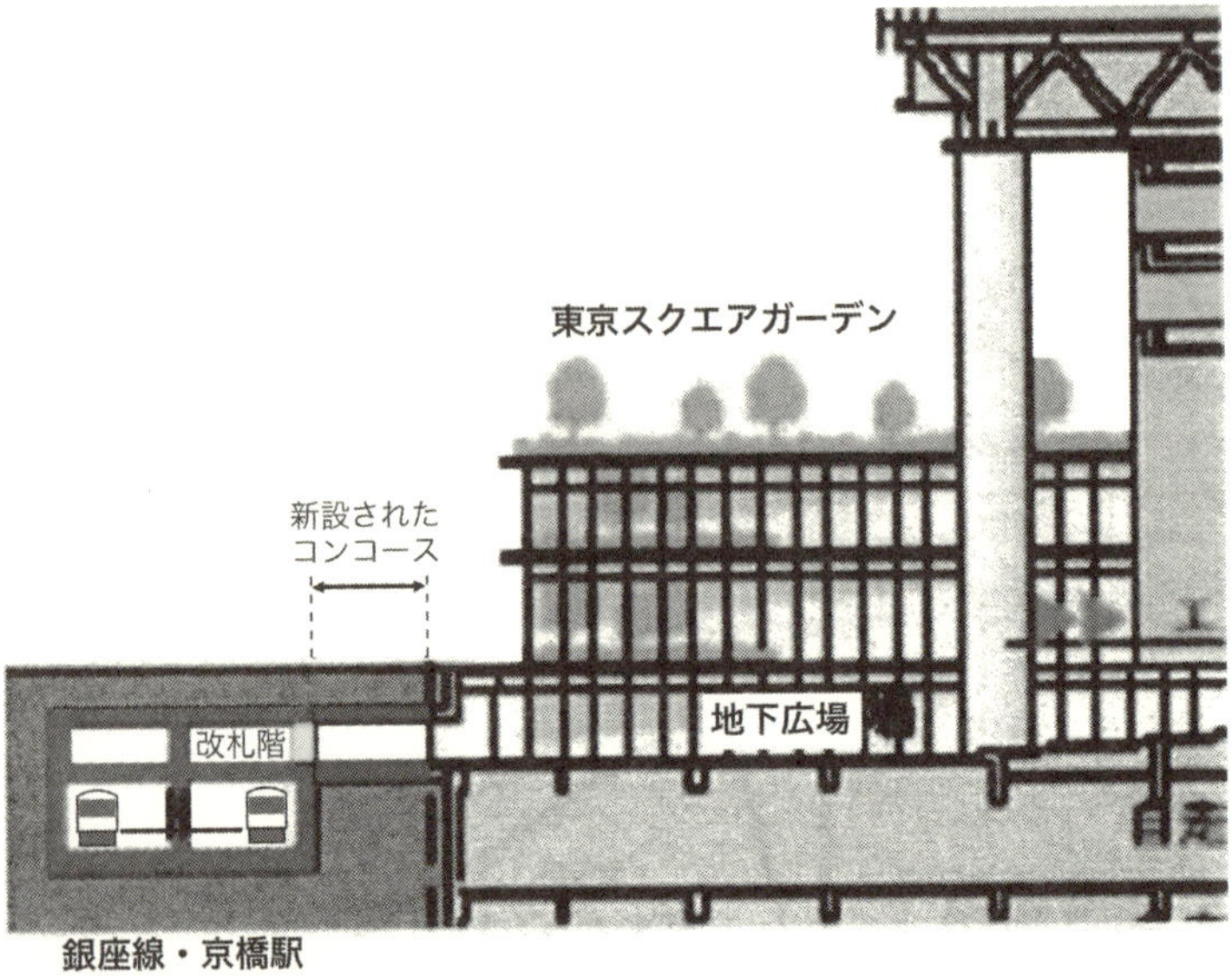

図4-8｜京橋駅と東京スクエアガーデン。新設されたコンコース部分に駅の機械室やトイレが移設された

駅（インタビュー時の仮称は虎ノ門新駅）がある。この駅は、同線の霞ケ関－神谷町間に新設されるもので、東京メトロが事業主体であるＵＲから工事を受託して建設を進めている。その名の通り、虎ノ門ヒルズ（オフィスやホテル、レジデンスが入居する複合施設）に隣接した駅で、２０２０年に開業する予定だ。

この付近は国家戦略特区に指定されており、これから新しい超高層ビルが次々と誕生する。まさにこれから「上がる街」だ。

虎ノ門ヒルズ駅は、珍しい構造になる。隣接する超高層ビルの地下広場と駅構内の空間がつながっており、地下広場から駅のホームが見えるのだ（図４－９）。これまでの東京の地下鉄にはなかった開放的な構造だ。

この駅は、銀座線虎ノ門駅や、今後整備される虎ノ門バスターミナルと地下通路で結ばれ、乗り換えが可能になる。地下鉄で六本木などや、バスで臨海部や成田・羽田両空港などにアクセスできるようになる。銀座線虎ノ門駅も改良される。この駅は、渋谷方面のホームが混雑する傾向があったが、今後はこのホームが拡幅されて隣接する超高層ビルの地下１階と直結する（図４－10）。つまり、虎ノ門はこれから交通の便が飛躍的に向上し、より「上がる街」へと変貌するのだ。

（仮称）虎ノ門ヒルズステーションタワー

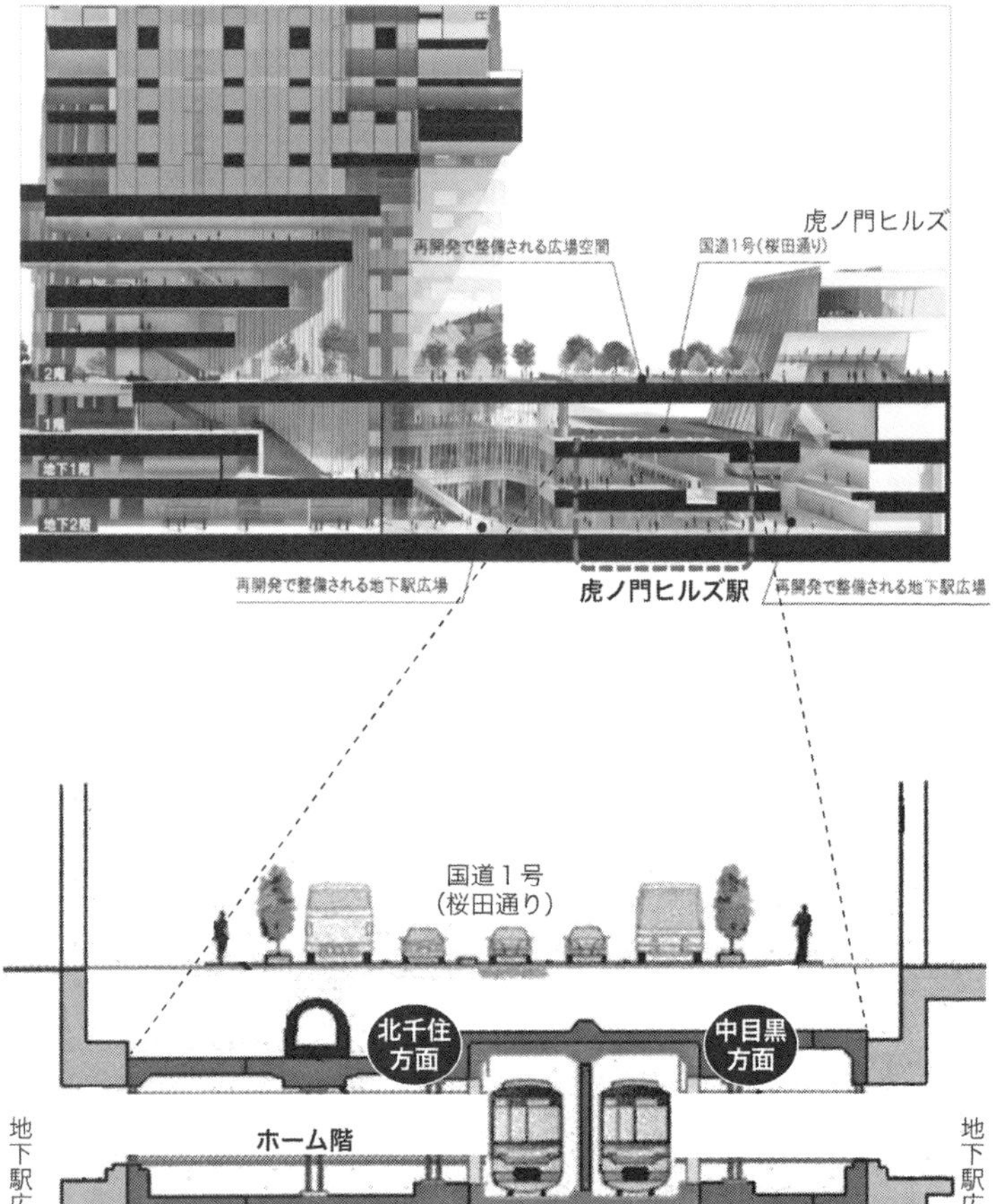

図4-9｜日比谷線に新設される虎ノ門ヒルズ駅。地下駅広場からホームが見える構造となる

日比谷線に虎ノ門駅がなかった理由

銀座線と日比谷線は上野駅と銀座駅で接続しているが、虎ノ門駅では現在接続していない。虎ノ門交差点の真下では、銀座線と日比谷線のトンネルが十字に立体交差しているだけだ。

ではなぜ、日比谷線を建設した時代に銀座線と接続する駅を造らなかったのだろうか。

「じつは私もずっとそのことに疑問を感じていたので、日比谷線建設に関わったOBに聞いたら、銀座線の負担を減らすという理由があったそうです。旧営団の路線が3路線（銀座線・丸ノ内線・日比谷線）しかなかったころは、銀座線の混雑が激しかった

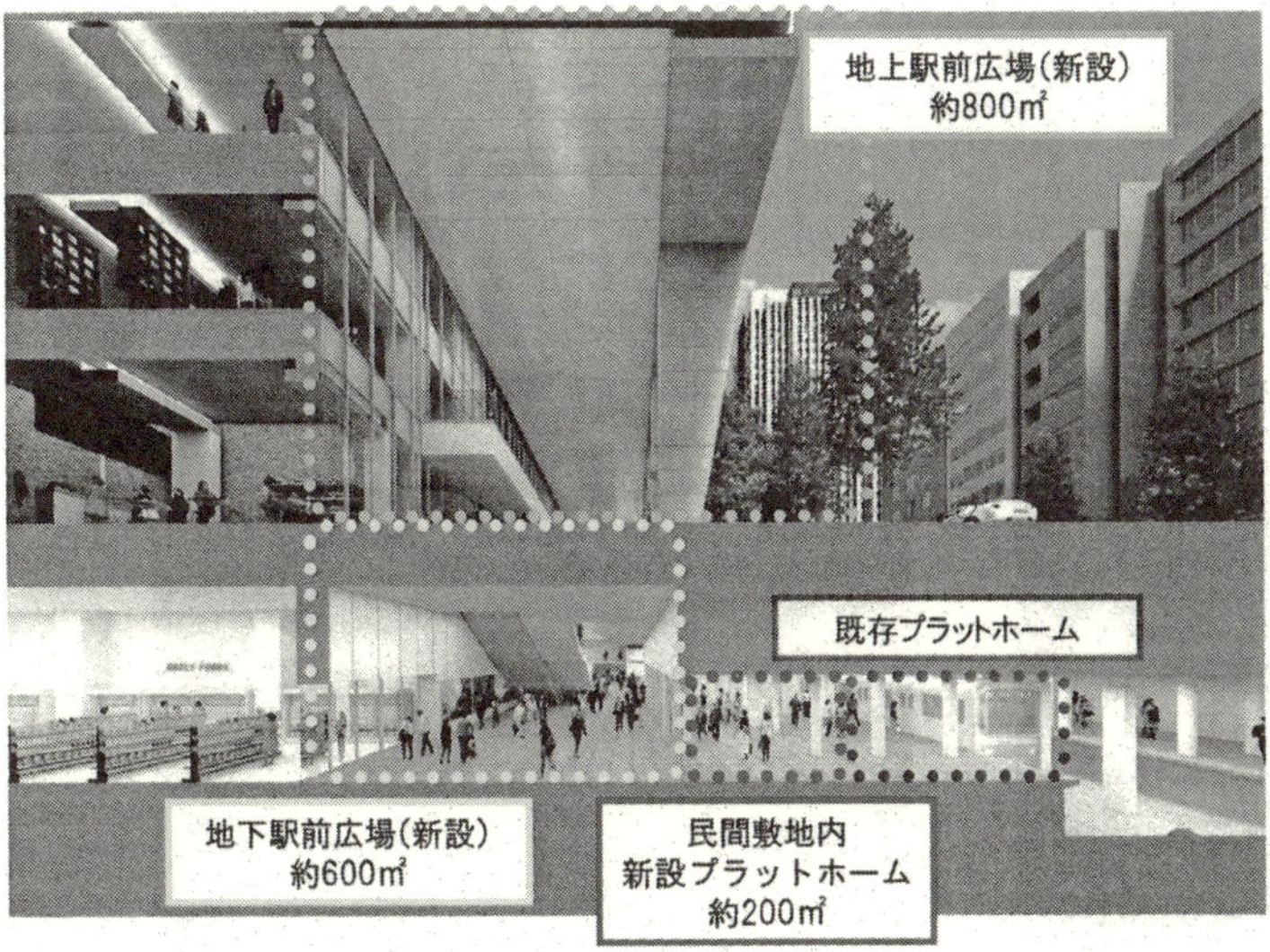

図4-10｜銀座線虎ノ門駅の改良工事。渋谷方面のホームが拡幅され、地下駅前広場とつながる

ので、意図的に接続を避けたとのことです」

当時は、渋谷駅に接続する地下鉄路線が銀座線しかなく、渋谷駅から銀座・日本橋方面に向かう利用者が銀座線に集中した。もし虎ノ門駅で日比谷線の利用者の一部が流れ込んだら、銀座線の混雑が一層激しくなる。となれば、虎ノ門駅で接続させないようにしたのは、当然かもしれない。

では、なぜ虎ノ門ヒルズ駅は、銀座線虎ノ門駅から少し離れた場所に新設することになったのだろうか。もちろん、虎ノ門ヒルズに隣接させたかったのが最大の理由だろうが、どうもそれ以外の理由もあるようだ。野焼さんが霞ケ関－神谷町間の設計図面を指差しながら説明してくれた（図4－11）。

そもそも地下鉄の駅は、カーブや勾配が規定値（カーブ半径400m以上、勾配10パーミル以下）よりも緩い場所にしか設置できない。その点、銀座線と立体交差する部分は、日比谷線が少しでも浅い場所を通ろうとした結果、両側が急な勾配になってしまい、あとから駅を設置することができない。いっぽう、虎ノ門ヒルズに近い環状2号の真下には、直線かつほぼ水平の区間があり、駅を設置できる条件を満たしていた。

「まるで将来ここに駅を造ることを想定したような線形ですよね。これもOBに確認したのですが、当初計画にはそのような意図はなかったそうです」

つまり、日比谷線に駅を新設できる区間が偶然存在し、そこに虎ノ門ヒルズ駅を設けることになったが、銀座線虎ノ門駅からは少し離れてしまったというわけだ。

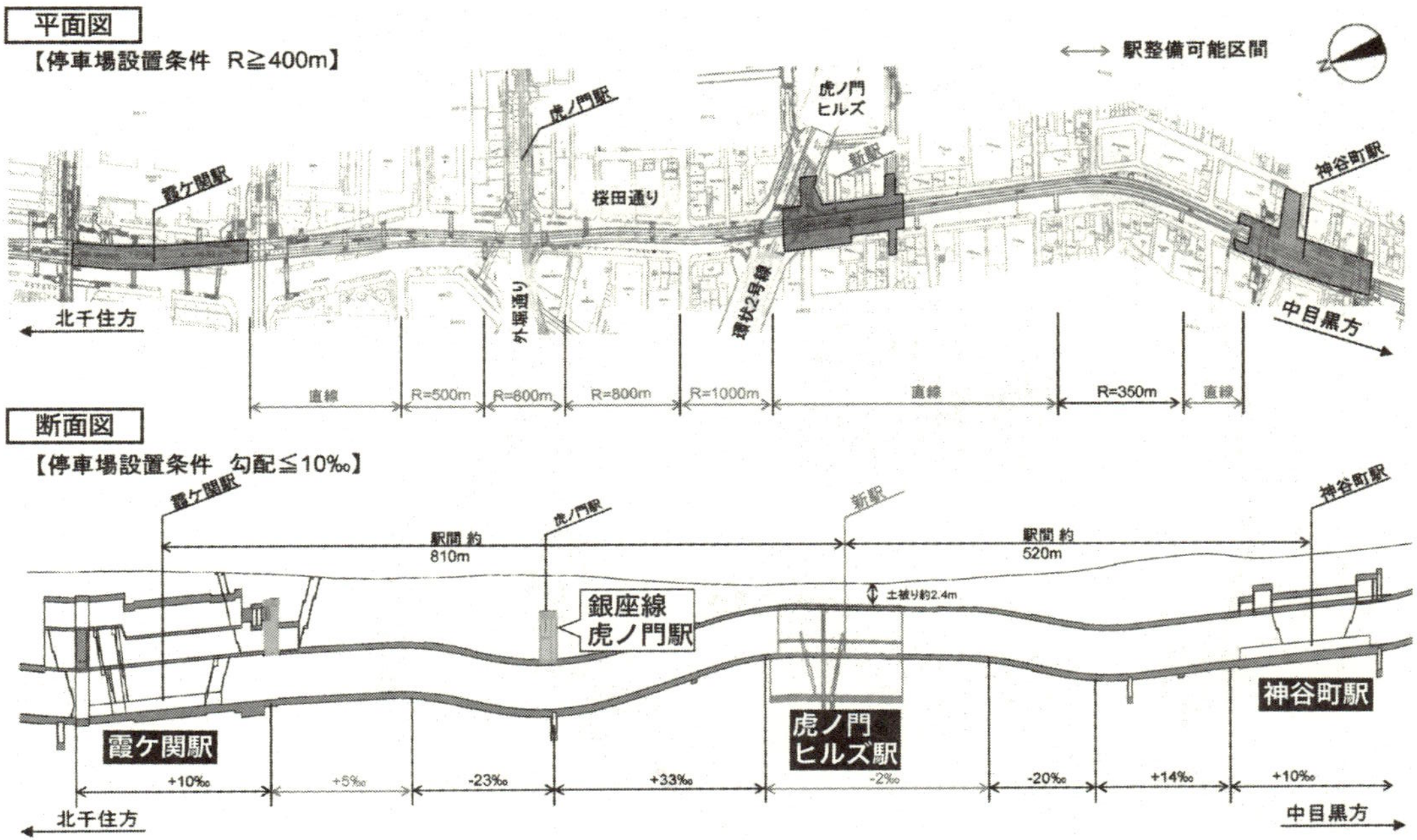

図4-11｜日比谷線霞ケ関－神谷町間の構造。虎ノ門駅付近は急勾配になっているが、虎ノ門ヒルズ駅付近だけほぼ水平になっている

銀座線渋谷駅の大改造で人の流れがまた変わる

先述した渋谷駅の大改造は、ＪＲ東日本だけでなく、東京メトロも実施している。銀座線渋谷駅を東口広場・明治通りの真上に移動させ、乗り換えしやすくする大改造だ。

渋谷駅における銀座線のホームは、他の路線との乗り換えが不便であるという弱点があった。東急百貨店の地上3階にあり、地下にある半蔵門線や副都心線（東急東横線）のホームから水平距離が離れていただけでなく、高低差が大きかった。また、ＪＲとの乗り換えもとてもわかりにくい構造になっていた。

そこで東京メトロは、銀座線のホームを隣の表参道駅側に約130ｍスライドすることにした。半蔵門線と副都心線の交点近くにホームを移設すれば、乗り換えがしやすくなるからだ。

ところが、その工事をするには、渋谷駅付近で銀座線の列車を長時間止める必要があった。ホームを移設するだけでなく、線路の線形も変えることになったからだ。

それゆえ、利用者数が少ない週末やゴールデンウィークに銀座線の区間運休が実施された（写真4－5）。銀座線と半蔵門線は渋谷－青山一丁目間で並行しており、表参道駅で両線の乗り換えがしやすい構造になっていたからこそできた運休だった。

「新しい銀座線のホームは、全体がガラス張りの屋根に覆われる構造となり、2019年度下期に

写真4-5｜銀座線を区間運休して実施された渋谷駅改造工事。写真手前の線路に多くの作業員が立っている。2016年11月20日撮影

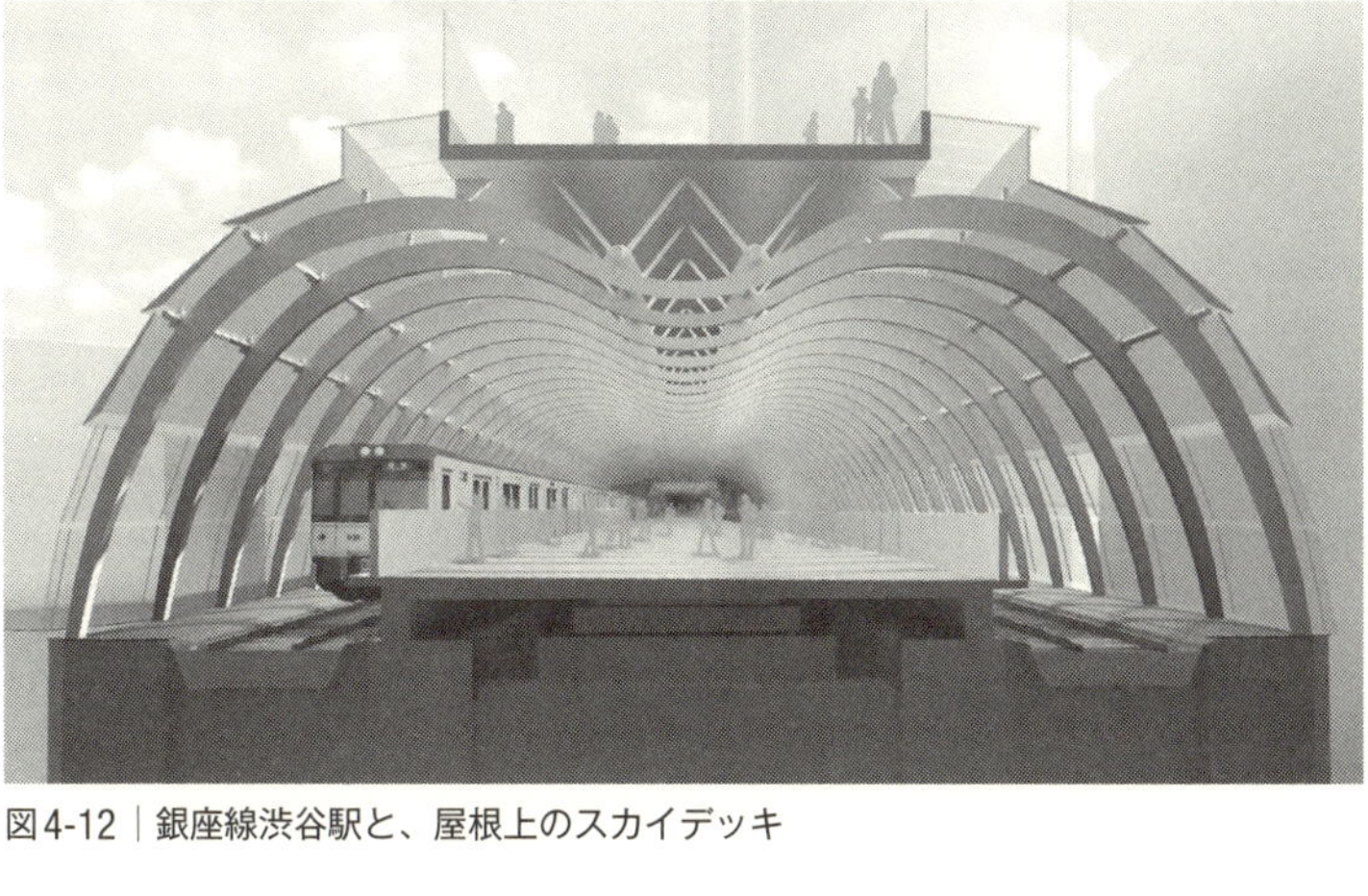

図4-12｜銀座線渋谷駅と、屋根上のスカイデッキ

完成する予定です（図4－12）。屋根の真上は、明治通りを見下ろす歩道（スカイデッキ）となり、新しい動線が生まれます」

これで渋谷における人の流れがまた変わりそうだ。

都営線とのサービス一体化は着実に

現在、東京の地下鉄は2つの交通事業者（東京メトロと東京都交通局）で運営されており、双方のサービスを一体化する動きがある。利用者にとっては、たとえ組織が2つあっても、あたかも一つの地下鉄としてのサービスを提供されることで大きなメリットがあるからだ。たとえば、交通事業者の壁を意識せずに地下鉄を利用できるようになれば、心理的なバリアがなくなり、地下鉄全体の利便性が向上する。それは、東京で地下鉄を利用する人の誰もが求めていることであろう。

こうしたサービス一体化は、以前話題になった経営の一元化を待たずとも実現できると考えており、今後も東京都交通局と協議しながら進めていくという。その代表例には、改札通過サービスの実施や、駅全体の案内サインのデザイン統一、訪日外国人向け無料Ｗｉ－Ｆｉサービスの展開、地下鉄共通乗車券「Tokyo Subway Ticket」の発売などがある。

利用者の立場としては、サービスだけでなく、料金体系も統合されてほしいところだが、じつは容易ではない。なぜならば、それがお互いにとって減収の要因になるからだ。ただ、ＰＡＳＭＯ（パスモ）などのＩＣカード式乗車券の普及によって、駅で料金表を見て乗車券を買うというバリアがなくなり、地下鉄の利便性が高まったのはたしかだ。

もし将来、料金体系が統合されたら、新たな「上がる街」が生まれるだけでなく、東京そのものが「上がる都市」になるだろう。利用者はより多くのルート選択ができるようになり、新たな通勤・通学ルートが生まれることが、地下鉄全体の潜在的なニーズを掘り起こすことになるからだ。

働き方改革やモビリティ変革に脅威感じる

最後に東京の地下鉄の将来について聞いてみた。野焼さんとしては、どうも人口減少の問題よりも、働き方改革やモビリティ革命の影響が気になるようだ。

東京メトロの路線網は、ＪＲ東日本の路線網と違い、23区に集中している。23区の人口は２０３０年にピークを迎えるとされているが、その後は急には減少しないと予測されている。もちろん、東京圏全体で人口が減れば、通勤・通学で地下鉄を利用する定期客が減ると考えられるが、近年は東京を訪れる外国人観光客が増加傾向にあるので、定期以外の旅客は今後もあまり減らないと考えられる。

いっぽう、働き方改革については、ＪＲ東日本の川野邊さんと同様に脅威だという。もしテレワークや在宅勤務、サテライトオフィスの導入が本格的に始まれば、定期客の数が減ってしまうからだ。

「モビリティ変革によるシェアサイクル（自転車の共有サービス）の普及も気になりますね。たとえばニューヨークでは、都心部でシェアサイクルのサービスが始まったら、ニューヨーク交通局（MTA）が運営する公共交通（バス・地下鉄）の利用者数が2％程度減ったようなんです。もちろん、シェアサイクルだけが要因ではないと思いますが。東京メトロの路線は基本的に駅間が短いので、シェアサイクルが広がって、（地下鉄の代わりに）自転車を利用する人が増えることは脅威ですね」

また、MaaSの普及も、地下鉄などの公共交通に影響を与えそうだ。MaaSの代表例であるカーシェア（乗用車の共有）やライドシェア（乗用車の相乗り）は、ヨーロッパの主要国ですでに広がっており、日本でも徐々に広がりつつある。

「こうした社会の変化に柔軟に対応しながら、今後地下鉄との連携をどうするか考えていかなければならないと思っています」

今後東京全体の旅客輸送がどうなるかはわからないが、東京がいまよりも移動しやすい都市になり、「上がる都市」になることは、多くの人が望むことであろう。

東京メトロ沿線の「上がる街」ベスト3

表4－2は、東京メトロにおける1日平均乗降人員の伸びが大きい駅のトップ3を示している。

ＪＲ東日本の場合は、「乗車人員」のみの集計だったが、東京メトロの場合はそれに「降車人員」をプラスした「乗降人員」で集計している。

これによれば、１位は新宿三丁目駅、２位は西新宿駅、３位は豊洲駅だ。東京メトロによれば、新宿三丁目駅は副都心線開業、西新宿駅と豊洲駅は再開発が要因となり増加したという。

それにしても、新宿三丁目駅の乗降人員が10年で３・５倍以上に膨らんでいるのは驚きだ。この駅は商業地の中心にあり、大手百貨店（伊勢丹新宿店）と直結していたが、隣の新宿駅から３００ｍしか離れていないこともあり、10年前の乗降人員は５万人に満たなかった。ところが副都心線が開通すると、西武池袋線や東武東上線、そして東急東横線の駅から乗り換えなしでアクセスできる駅となり、乗降人員が大きく伸びた。

西新宿駅は、乗降人員が２倍近くに膨れ上がった。開業以来、職住一体型の超高層ビル（新宿アイランドタワー）と直結した構造となっており、東京都庁をふくむ新宿副都心のさまざまな建物に地下通路でつながっている。乗降人員は、新しい地下通路

順位	駅名	路線名	乗降人員（1日平均・人）2007年度	乗降人員（1日平均・人）2017年度	増加率（10年）	おもな要因
1	新宿三丁目	丸ノ内線 副都心線	46,073	163,044	354%	副都心線開業
2	西新宿	丸ノ内線	44,449	86,765	195%	再開発
3	豊洲	有楽町線	110,635	214,032	193%	再開発

※副都心線は2008年6月14日に小竹向原～渋谷間全線開業（運行区間は和光市～渋谷間）
※副都心線新駅（雑司が谷、西早稲田、東新宿、北参道）は除く
※他鉄道との直通連絡駅および共用している駅は除く

表4-2｜東京メトロ乗降人員増加率トップ3

ができた２０１１年から５万人を突破し、現在まで増え続けている。

豊洲駅も乗降人員が2倍近くに膨れ上がった。もともと工業地帯にあった駅で、週末はほとんど人通りのない場所に位置していた。ところが、２００６年に「ゆりかもめ」が延伸開業して乗換駅となって交通の便がよくなっただけでなく、周辺の再開発が進み、オフィスやマンション、商業施設が入居する中高層ビルが多く建設されたことで人口が急増した。豊洲駅の乗降人員の推移を見ると、夜間及び従業人口の増加とともに増えているのがわかる（図４－13）。また、10年前もいまも新宿三丁目駅よりも乗降人員が多いのが興味深い。

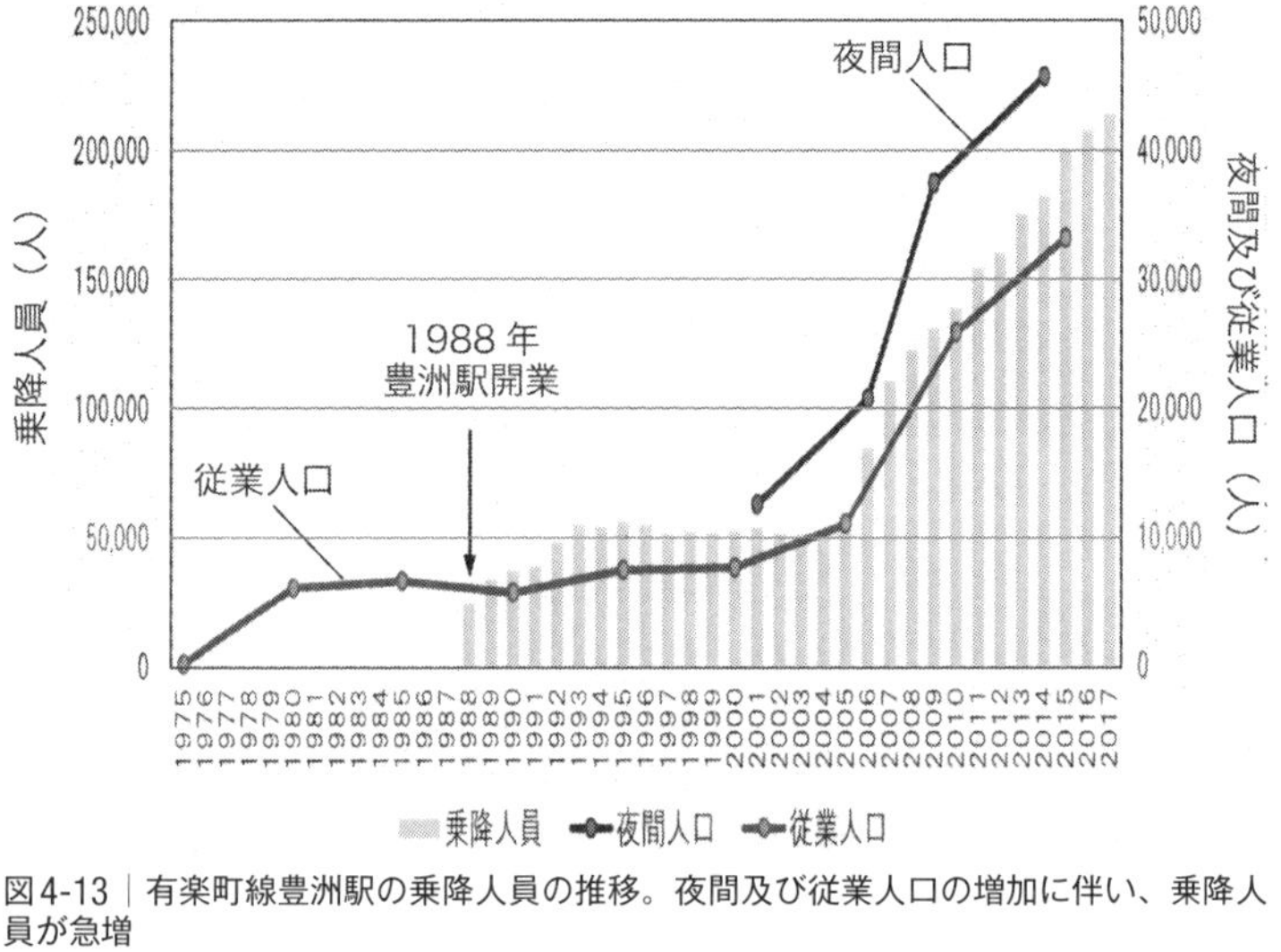

図4-13｜有楽町線豊洲駅の乗降人員の推移。夜間及び従業人口の増加に伴い、乗降人員が急増

4・3 道路ネットワーク充実の効果に期待大——首都高

最後に紹介する首都高速道路株式会社（首都高会社）は、東京圏の都市高速道路をおもに運営する道路事業者だ。その道路は、前述した地下鉄の大部分と同様に、東京の交通処理能力を補うために戦後に整備されたもので、いまでは埼玉県や千葉県、神奈川県にも広がり、総延長が３２０㎞を超えている。旅客輸送のみならず貨物輸送の動脈として機能しており、東京圏の物流を大きく支えている。

インタビューに応じてくれたのは、同社の代表取締役専務執行役員の大島健志《けんじ》さん（写真４－６）。首都高の生みの親とも言われる山田正男氏が旧公団（民営化前の首都高速道路公団）の理事長だった時代に入団し、長年に渡り首都高の技術に関わってきた人物だ。山田氏に関しては、「迫力がある方でした」と語り、尊敬しているという。

写真4-6｜大島健志さん

予想外の「上がる街」誕生で計画変更したことも

まず、これまでの首都高ネットワークの整備について聞いたところ、1959年に首都高で最初の整備が都市計画決定してから現在までの整備について、丁寧に説明してくれた。

首都高ネットワークの整備は、大きく分けて次に示す3つの段階に分けて実施されてきた。

■第1期（1962年～1970年）都心環状線と放射路線の整備
■第2期（1971年～1988年）都市間高速道路との接続
■第3期（1989年～）中央環状線などの機能的ネットワークの整備

これらの段階の話のなかで、とくに興味深かったのが第2期の話だ。大島さんは、路線図を指差しながら説明してくれた（図4－14）。

「私が旧公団に入団したのは、第2期のころでした。このころは日本道路公団（現在のNEXCOグループ）が都市間高速道路の計画や建設を進めていたころで、首都高が都市間高速道路のターミナル（東京インター・高井戸・川口・三郷・市川など）に『迎えに行った』時期です。この計画は、いま見ても遜色がないんです。当時の人たちの将来を見据えた考えというのは素晴らしいなと思います」

この路線図をよく見ると、中央環状線が「計画決定路線」ではなく、「延伸追加路線」になっている。現在中央環状線は、都心環状線の外側を通る迂回路として重要な役割をしているのに、なぜ「計画決定路線」に指定されていなかったのだろうか。

「これは、都市間高速道路と接続する路線の整備を優先したからです。中央環状線などの迂回路を整備したのは第3期です」

　この路線図は、現在の首都高ネットワークとは異なる点がある。現存しない区間が記されているいっぽうで、現存する区間が記されていない。たとえば、都心

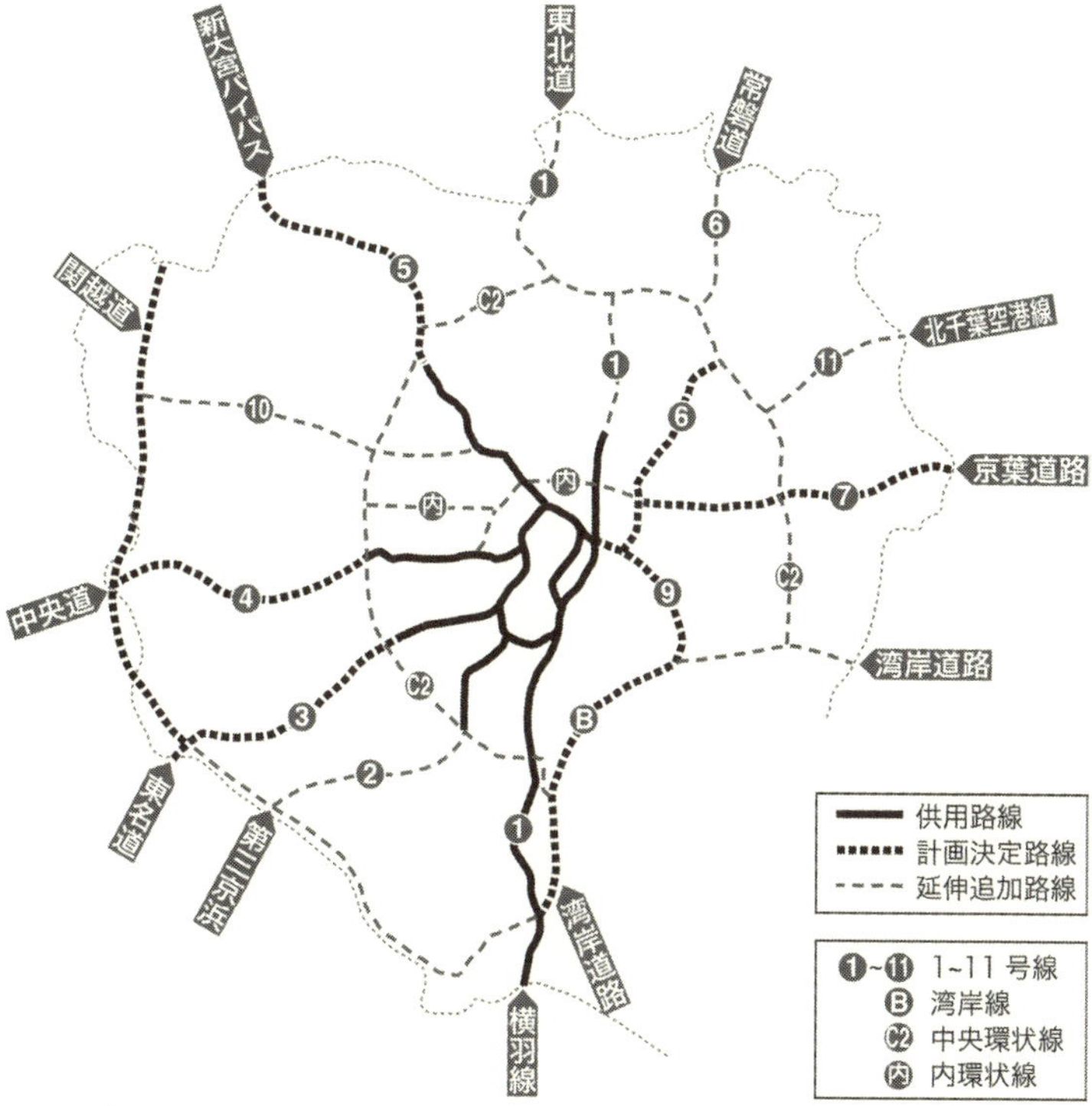

図4-14｜高速道路調査特別委員会の延伸計画路線（東京区間・1968年）。（出典）昭和44年度 大都市幹線街路調査報告書より作図

環状線の北側を通る内環状線や、第三京浜につながる2号線の一部、関越道につながる10号線、北千葉空港線につながる11号線は、この路線図に「延伸追加路線」として記されているが、現存しない。いっぽう、現存する10号晴海線や、11号台場線は、この路線図には記されていない。

「計画決定しなかった区間を整備するのは、いまではなかなか難しいでしょうね。この路線図にない区間（10号晴海線と11号台場線）が整備されたのは、湾岸エリアにおける需要が高まったからです。臨海部の埋め立てがどんどん進み、開発が活発になりましたから」

たしかに湾岸エリアの開発が本格化したのも、世界都市博覧会（通称・都市博、青島前都知事の就任によって中止になった）を1996年に開催する構想が生まれたのも、バブル景気に沸いた1980年代後半からだ。となれば、湾岸エリアが急激に「上がる街」に変貌し、首都高の路線を追加で整備したのも頷ける。

こうしたネットワーク整備では、オリンピックのような国際的イベントが大きな起爆剤になるようだ。

「（前回のオリンピックが開催された）1964年は、第1期の半分弱の区間（33km）を整備する後押しをすることになり、この区間がオリンピックそのものを支える役割も果たしました。いまは、2020年に向けて、横浜環状北西線の整備や、（小松川JCTの新設などの）中央環状線の機能強化などを進めており、オリンピックを契機とした交通インフラ整備に対する需要の高まりが後押しになると肌で感じているところです」

利用は増加中、短距離利用も増えている

次に首都高の利用状況について聞いてみた。

現在、首都高の周囲を取り囲む迂回路として、ＮＥＸＣＯの路線である外環道や圏央道が整備されつつある。これによって、東京圏全体の高速道路ネットワークが充実し、交通量の分散が図られた。

となれば、首都高の交通量は減るように思えるが、大島さんはいまも増えているという（図4－15）。

「首都高への潜在的な需要はまだまだあると思うんですよね。供用延長（路線網の総延長）は１９６２年度から２０１７年度まで増え続けているのに対して、１日あたりの平均通行台数は１９８７年度までは増え続け、そのあとは景気停滞や迂回路線の整備が続き、横ばいに推移しています。ただし近年は、景気の緩やかな回復や、新しい料金体系への移行、ネットワークの充実によって交通量が微増傾向にあり、２０１７年度には1日１００万台を突破しました（料金体系の移行までは料金圏ごとに台数を計上）。街路とのバランスによってまだ増える可能性があるのです」

利用距離に応じて料金を定める料金体系への移行も交通量増加の要因になったようだ。

首都高では、２０１１年12月末まで料金圏ごとに料金を均一（東京料金圏であれば普通車７００円）にしていたが、２０１２年元日からＥＴＣ車を対象に距離別料金に移行し、利用する距離に応じて

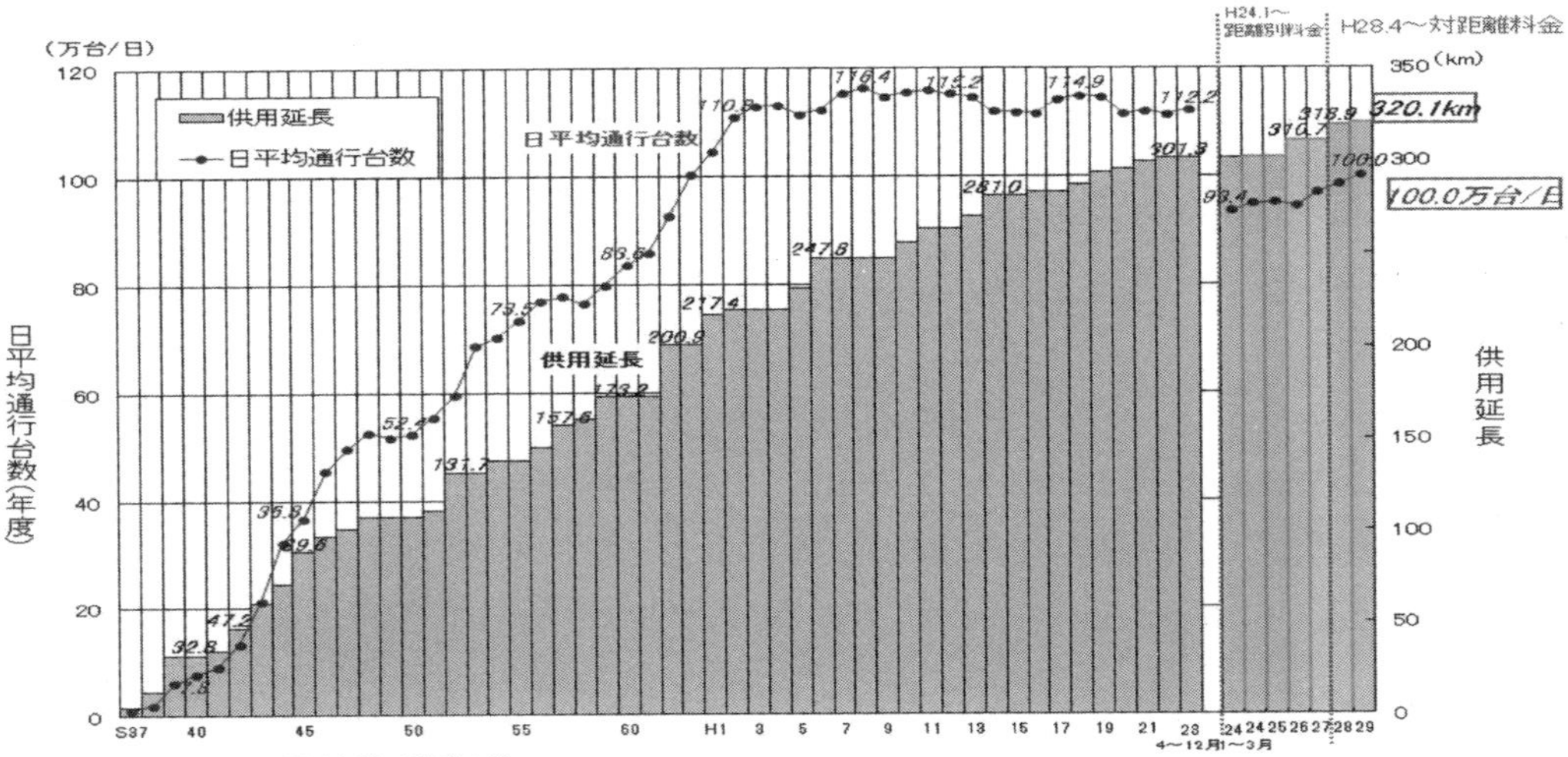

※　通行台数は営業台数
※　H23.12までは料金圏ごとの利用に対し台数を計上していたが、H24.1の距離別料金移行後は利用１回ごとに台数を計上

図4-15｜首都高の供用延長と平均通行台数の推移

料金を段階的に設定した。さらに2016年4月からは「首都圏の新たな高速道路料金」の導入によりETC車を対象に対距離制を基本として整備・統合され、首都高とNEXCOの料金体系の垣根がなくなり、料金の公平性も高まった。これによって、都市内でいわゆる「チョイ乗り」、つまり利用距離が短い車両が増え、全体の通行台数を押し上げた。また、実際の走行経路に関係なく最短経路の料金が適用されるようになり、渋滞を回避するため遠回りの経路を選ぶことが容易になった。

「こうした変化は、市街地の安全や安心にも寄与すると思います。首都高で『チョイ乗り』する車両が増えれば、その分だけ幹線街路の交通量が減少し、生活道路の交通量も減る。つまり、幹線街路の混雑を避けて生活道路に入り込んでいた車両が減れば、その分だけ交通事故が起こる可能性も減り、市街地の安全や安心がより保ちやすくなります」

安全で安心な生活ができる市街地が増えることは、「上がる街」を増やすことにもつながるだろう。

依然として重要な都心環状線の機能

いま話題の日本橋についても語ってくれた（写真4－7）。現在日本橋の真上を通っている都心環状線を地下化して高架橋を撤去し、日本橋上空の青空を取り戻すという構想の話だ。

この話が近年実現に向けて動き出したのは、日本橋上空の高架橋を修繕または更新することが必要になったことと、国家戦略特区として河川（日本橋川）周辺の再開発が立ち上がったことによるものだ。現在首都高では、高度経済成長期に整備した路線で高齢化した施設の大規模修繕や大規模更新を進めており、日本橋の区間もそれに該当する。

そこで、これを機に日本橋付近の都心環状線を地下化し、日本橋川周辺を一体的に再開発することで「上がる街」にしようという計画が持ち上がった。都心環状線を地下に通すことができれば、日本橋とその下を流れる日本橋川の上空を塞いでいた高架橋を撤去できる。となれば、都市景観も大幅に改善され、再開発によりビジネス街としての価値も高まるというわけだ。

ただし、それを実現することは容易ではない。日本橋付近の地下は、地下鉄や上下水道、電力、通信、ガスなどの地下埋設物が輻輳《ふくそう》しているので、地下化工事の難易度が高いうえに、相当の事業費を要する。

これまで、都心環状線を日本橋の付近だけ撤去しようという案が持ち上がったこともあった。韓国のソウルでは、道路の高架橋を撤去し、そこにもともとあった清渓《チョンゲ》川《チョン》の景観を取り戻し

写真4-7｜日本橋の真上を通る高架橋

た事例がある。

ただ、大島さんは都心環状線が担う交通機能のことを考えると、その事例はそぐわないと疑問を呈した。

「都心環状線の交通量は、その外側を通る3環状の整備によって減少しましたが、だからと言って不要になったわけではありません。首都高のネットワークではいまもロータリーとして機能しているだけでなく、都心に用事がある車両が利用していますからね」

都心だけの移動ではなく、都心と郊外の移動も多いので、都心環状線の一部を切ってしまっては、ネットワーク全体の利便性が損なわれてしまうというわけだ。

「都心環状線は都心だけを通っているけど、郊外と都心を移動するための集散道路なのです。その点では、（郊外に向かう路線と接続しながら都心の交通を処理している）東京メトロさんの路線と似ていますね」

交通情報を充実、首都高の「使い方」を進化させる

大島さんによれば、交通情報の提供方法も進化しており、今後も進化する必要があるという。

「昭和のころの交通管制は、『自工程完結』だったんですよ。つまり、各道路事業者がそれぞれの道路ネットワークを個別に管理し、交通情報を情報板やハイウェイラジオでドライバーに提供して

いたので、おもに自分が管理するエリアで情報提供していたんです」

ところが現在は、各ドライバーがスマートフォンを使ってかんたんに交通情報を入手できるようになった。スマートフォンをカーナビにするカーナビアプリも複数提供されている。

「いまはスマートフォンのGPS機能を使ったアップリンクのデータ（位置情報とリンクしたアップロードデータ）が共有されるようになったし、それを使って交通情報を入手できるようにもなった。それゆえ、たとえばグーグルマップを見れば、海外の道路の交通情報までわかるようになっています。だから将来的には、道路事業者は、パーソナルでオンデマンドな交通情報を提供することが求められてくるのだと思います」

ここでいう「パーソナルでオンデマンドな交通情報を提供する」とは、首都高を利用する各ドライバーが欲する交通情報をリアルタイムで伝えるということだ。これを実現するには、より精緻なデータを瞬時に伝えることが必要になる。

「現在首都高では、おもに車両感知器（車両の通過台数と通過速度を感知するセンサー。道路脇に設けられている）で道路の状況に関する情報を収集していますが、これからはカメラから得られる道路の画像や、アップリンクされたデータなど、他の手段でも情報を収集して、より精緻な交通情報を提供できるように考えていかなければならないと思います」

交通情報の提供方法が充実すれば、首都高の「使い方」が進化し、沿線の利便性が向上する。このことも、「上がる街」を増やす要因になるだろう。

人口減・カーシェア・働き方改革などの影響

東京で今後起こる人口減少の影響についても聞いてみた。

「首都高では、23区の人口が減少に転じる２０３０年ごろから交通量がゆっくりと減ると予想しています」

人口が減れば、その分ドライバーの数も減るので、そう予測するのは当然だろう。

「これはあくまでも個人的な見解ですが、首都高の交通量は人口とともにガクンと減るのではなく、どこかでバランスを保つのではないかと私は考えています。人口が減れば、幹線街路の交通量も減り、あるときに首都高と幹線街路の交通量が均衡する可能性があると考えます」

たしかに東京は都市の規模のわりに街路が貧弱なので、その貧弱さを首都高が十分補えるようになったときにバランスがとれ、双方が理想に近い交通量となれば、高速道路の交通量はそれ以上は大きく下がらないようにも思える。

ただ、今後は人口以外の要因で交通量が減る可能性がある。

「ＭａａＳが東京圏でも広がれば、首都高の交通量に影響する可能性がありますね。カーシェアやライドシェアを利用する人が増えれば、通行する車両の数に影響を及ぼしますから」

また、ＪＲ東日本や東京メトロの役員が脅威と述べた働き方改革については、大島さんも脅威だと感じると言う。首都高では郊外から都心に通勤するドライバーの車両が多く通行しているので、在宅勤務をする人が増えれば、その分だけ交通量が減ってしまうからだ。

「首都高では業務用車が多く通行しているので、その動きも交通量に大きく影響します。郊外に多くの事務所ができて、郊外の事務所と郊外の自宅を往復する業務用車が増えれば、都心へ行く必要がなくなり、首都高の交通量が減少する可能性があります」

もちろん、首都高の交通量が減って渋滞が緩和されることは誰もが期待することではあるが、通行料金を徴収して施設を維持している企業としては収入減につながってしまう。この仕組みが変わらない限り、交通事業者にとって働き方改革は脅威であると言えるのだろう。

とはいえ、もし首都高の渋滞が緩和されれば、その沿線がいまよりも「上がる街」になる可能性がある。ただ、ＭａａＳによる交通全体の変化をふくめて考えると、どこが「上がる街」になるか予想するのが難しい。

深刻な労働者不足にどう対応するか

人口が減少すれば、ドライバーだけでなく、首都高を支える労働者の数も減ってしまう。大島さんは、そうした労働者不足について首都高グループ全体に大きな危機感があると語る。

「これは建設業全体にも言えることなのですが、労働者不足が大きな課題になっているんです。だ

高所作業車による高架橋点検

ポールカメラで高所点検

超音波探傷による鋼床版の検査

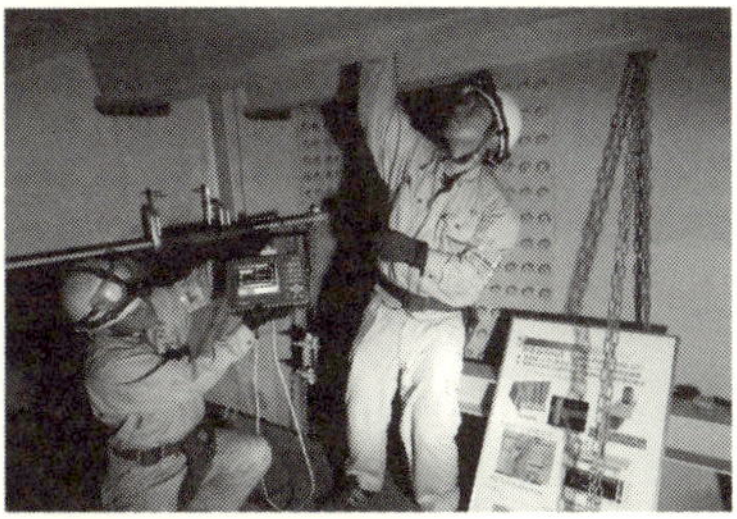

電磁波レーダー法による
コンクリート中の鉄筋の検査

写真4-8｜高架橋の点検作業

からこれからの首都高を支える労働者を維持し、業務の合理化・効率化を図る必要があると思っています」

首都高を支える現場の中には、鉄道を支える現場と同様に、いわゆる3K（危険・汚い・きつい）職場が多い。たとえば、路上の落下物を拾ったり、路上で工事することは、車両が真横をビュンビュンと通過するなかでしなければならないので、きわめて危険だ。いくら作業の一部を機械化したり、AIを導入して作業を効率化したとしても、こうした作業はどうしても人間がしなければならない。また、施設の点検も、最終的には人間が判断しなければならないことが多い。とはいえ、人々の働き方に対する価値観が変化した現在は、そのような職場の担い手をいま増やすことは容易ではない。これは、首都高に限らず、交通インフラ全体にも言えることであろう。

筆者は、湾岸線の高架橋の点検・補修作業を見せてもらったことがあるが、それは想像以上に手間がかかる作業だった（写真4－8）。橋桁の下に組まれた足場を歩き、さまざまな点検器具を駆使して、鋼床版《こうしょうばん》（路面を支える金属板）などにき裂などの損傷が起きていないかを細かく確認する。もちろん、作業の一部は機械化されているが、小さな損傷も見逃さないようにするには、結局人間の目視による確認と判断に頼らざるを得ない。まさに省力化が難しい現場だ。

そこで首都高会社では、現場の負担を減らすための工夫もしているという。

たとえば高架橋の一部では、点検する作業員が通る恒久足場（常設する足場）が設けられるようになった。これが設けられるまでは、点検のたびに街路規制し、高所作業車で接近する作業を繰り

※３次元点群データ ： XYZ座標を持った点の集まり

MMS：Mobile Mapping System
（レーザースキャナや全周囲カメラを搭載した計測車両）

法定速度で走行しながら、１秒間に110万点の情報を取得、３次元点群情報を作成

図4-16｜レーザースキャナで収集した3次元点群データ（左）。構造物の維持管理に有効活用される

返していたが、鉄道や交差点の真上ではそれが難しい場合が多いので、恒久足場を設けていつでも高架橋を点検できるようにしているのだ。

また、メンテナンスの省力化を図るため、インフラマネジメントシステム（i-DREAMs®／アイ・ドリームス）や、その中核を担うＧＩＳと3次元点群データを活用し、インフラの維持管理を支援するシステム（InfraDoctor®／インフラドクター）を導入し、必要な情報を統合管理するとともに、維持管理の生産性の向上を図っている。InfraDoctor®は、構造物の3次元的構造を点群（座標を有した点の集まり）としてデータ化し、システム上で構造物の寸法を計測できるなど、維持管理に有効活用できるという特長がある（図4－16）。

自動運転が実現すれば事故と渋滞が減る

次に、いま話題の自動車の自動運転について聞いてみた。

「自動運転が本格的にできるようになると、まず交通阻害要因（通行の妨げになる事故やトラブル）が減り、それにともなう渋滞も減るでしょうね」

首都高では、交通事故が年間１万１０００件ぐらい（1日あたり30件ぐらい）起きており、そのたびに車線が塞がれて車両の流れが悪くなる。そのおもな要因は３つある。渋滞における車両の追突、運転操作の誤りによる車両の施設接触、合流部における車両同士の接触だ。

「こうしたことが起こるのは、車両の運転を管理できないからです。もし鉄道のようにすべての車両の動きを監視・管理できれば、事故を大幅に減らすことができるかもしれませんが、首都高はあくまでも交通法規にしたがって自由に走ってもらう施設なので、日々の交通安全対策は実施できても、各ドライバーの運転操作までは管理できません」

首都高で交通事故が起こると、その処理におおむね50分かかる。その間は当然渋滞が起きやすくなり、追突事故などの二次的な事故も起きやすくなる。そこで首都高会社は交通事故処理に要する時間をできるだけ短くする工夫をしているが、それにも限界がある。

もし自動運転が実現し、追突回避やレーンキープ、側方確認、適切な速度制御などが自動でできるようになれば、先ほどの3つの交通事故要因は発生しにくくなる。近年は完全自動運転の一歩手前の「運転支援」が一部の自動車で導入され、安全確認や危険回避の一部が自動化されている。

「自動運転によって車両に搭載した燃料量や、蓄電池に充電した電気量を管理できるようになれば、ガス欠や電欠で走行できなくなる車両も減るでしょうね」

たしかに、運転するルートが決まれば、必要な燃料量や電気量はある程度予測できるので、燃料や電気を補充することを忘れることは回避できそうだ。

「ただ、もし首都高を通るすべての車両が完全自動運転になっても、事故やトラブルをすべてなくすことはできないでしょうね。落下物やタイヤのパンクのように、自動運転では管理できない事象があるからです。また、首都高で自動運転を実現させるには、車車間通信（車両と車両の通信）だけでなく、路車間通信（道路と車両の通信）をどうするかも気になりますね。落下物などにともなう車線閉塞や、工事にともなう車線規制の情報を、道路から各車両にできるだけ早く伝える仕組みづくりが必要だと考えています」

さらに大島さんは、今後公共交通の旅客の一部が乗用車に転換する可能性も指摘する。たしかに完全自動運転が実現し、ドア・ツー・ドアの移動が可能になれば、鉄道やバスを利用する人は少なくなるかもしれない。また、先述したライドシェアは、ヨーロッパではすでに鉄道から旅客が転換する要因の一つとなっている。

「とはいえ、自動運転などもふくめた将来の交通量を予測することは難しいので、首都高会社ではベースとなる道路交通センサスに基づいた需要予測をし、様々な対策を検討しています」

もし自動運転が実現すれば、首都高のみならず、自動車交通や都市交通全体に大きな変化が訪れる。となれば、鉄道駅周辺に集中していた人口の分布が変わり、新たな「上がる街」が生まれる可能性もある。

3環状整備で首都高も街路もより使いやすくなる

最後に、東京の道路交通の将来がどうなるかについて聞いてみた。

「3環状が整備されると、首都高はいまよりも使いやすい道路になると思います。首都高と街路の交通量のバランスが取れてくれれば、本当にいい高速道路になると思いますね。3環状が整備されると、交通量が分散して、長距離利用と短距離利用の車両の仕分けができるようになるだけでなく、物流の幹線として機能している区間とそうでない区間の棲み分けができるようになる。つまり、道路ネットワーク全体でより明確な役割分担ができるようになるので、首都高は利用者にとっていまよりも使いやすい道路になるでしょうね」

大島さんは小口物流の利便性も向上するだろうと予測する。宅配便をふくむ小口物流は、ネット通販の普及にともなって需要が伸び続けているが、道路網全体の利便性が向上すれば、その伸びにも柔軟に対応できる可能性がある。それは、東京圏に住む人の生活にとって大きなメリットがある。

こう見てみると、今後道路交通が発達し、暮らしや移動が便利になるのが楽しみだ。

長年渋滞に悩まされてきた首都高でスムーズな自動車交通が実現すれば、「上がる街」が増えるだけでなく、東京全体が「上がる都市」になる。それを道路交通の改善で実現する潜在能力が、東京にはあるのだ。

首都高沿線の「上がる街」ベスト3

表4－3は、首都高会社提供データに基づく利用台数の伸びが大きい入口のトップ3を示している。なお、ここでは東京圏での「上がる街」を示すため、ＮＥＸＣＯの道路と接続する本線入口の

データは除外した。

これによれば、1位は空港西入口、2位は大井南入口、3位は埼玉県の八潮《やしお》入口だ。増加したおもな要因として、空港西入口は空港アクセス、大井南は港湾アクセス、八潮入口は再開発（近くで物流拠点などが開発）と推定される。

近年は羽田空港の利用者数が増加傾向にあるので、空港アクセスによって利用台数が伸びる可能性は高い。現在の羽田空港のほぼ中央に位置する空港中央入口よりも、少し離れた空港西入口で利用台数が増えている。これは国際線旅客ターミナルに近いことが関係しているだろう。また、空港西入口と大井南入口は、付近の物流拠点の整備ともリンクして増えた可能性がある。

八潮入口の北側には、工場やトラックターミナルが集中する地域があり、首都高会社が指摘する通り物流拠点になっている。いっぽう八潮入口の南側には2005年に開業したつくばエクスプレスの八潮駅があり、そこを中心として商業施設やマンションが建ち並んでおり、人口が集中している。八

順位	入口名	路線名	利用台数（平日平均・台） 2007年度	2017年度	増加率（10年）	おもな要因
1	空港西（上り）	高速1号羽田線	1,790	5,100	285%	空港アクセス
2	大井南（西行き）	高速湾岸線	1,950	4,930	253%	港湾アクセス
3	八潮（上り）	高速6号三郷線	780	1,570	201%	再開発
3*	幡ヶ谷（上り）	高速4号新宿線	2,690	5,070	188%	

3*: 東京地区に限定した時の第3位

表4-3｜首都高入口利用台数増加率トップ3

潮市の人口は、つくばエクスプレス八潮駅の開業以来急増しており、２０１０年には8万人を突破した。それゆえ、八潮入口の利用台数が増えた要因としては、物流拠点があるだけでなく、周辺人口が増えたことが挙げられる。

なお、地域を東京地区に限定すると、3位に新宿近くの幡ヶ谷《はたがや》（上り）がランクインする。おそらく甲州街道から中央環状線へのアクセスの増加が要因であろうと考えられる。

第5章
東京を「上がる都市」にするために

六本木けやき坂

最後となる本章では、東京や交通に求められることを整理し、東京の将来を展望しよう。

5・1 いま東京に求められることはなにか

持続的に発展する成熟都市となる方法

東京という都市は、「はじめに」でもふれたように、これから新たな局面を迎える。

まず、増え続けてきた人口が今後減少し、持続的に発展することが難しくなる。日本ではこれから世界のどこの国も経験したことがない勢いで人口が減少するので、地方の人口が減り、東京に流入する若年層が減る。また、第１章で述べたように高齢化率が上昇し、社会を支える生産年齢人口の割合が減ってしまう。

つまり、東京は、将来都市機能の維持が難しくなり、都市そのものが衰退する恐れがあるのだ。

東京が持続的に発展できるようにするには、東京全体を「上がる都市」にする必要がある。都内の街どうし、あるいは国内の都市どうしで人口を奪い合えば、東京の一部の街だけが発展するというゼロサムゲーム（誰かが得をすれば誰かが損をし、全体の損益の合計がゼロになる状況）になってしまい、東京全体や日本全体で見れば「上がりも下がりもしない」という状況に陥ってしまう可能性があるからだ。

では、具体的にどうすればよいのか。その手段としては次の3つが考えられる。

① 少ない労働者で支えられる社会を築く
② 海外からの人口流入をある程度許容する
③ 国際競争力を高める

①は、これからの生産年齢人口の減少に対応するもので、さまざまな業種で作業の機械化や効率化を図ることで実現する可能性がある。ただし、技術革新には時間がかかるので、それだけでこれからの社会変化に備えることは難しい。

②と③は、①よりも現実的だ。

②は、外国人を受け入れて、人口減少による人手不足の穴埋めをするものだ。もちろん、国内の秩序を保つには、外国人を無条件で受け入れることはできないので、日本政府は、就労する職種に応じて滞在期間や、当人の家族の受け入れを制限する政策をとっている。

③は、世界の国際都市と競争し、持続的な発展をするうえで不可欠なことだ。ＩＴのように、付

加価値が高く、かつ先進的なグローバルビジネスを展開しやすい環境を整えることで、実現する可能性がある。

これら3つは、たんなる「自治体間競争」に陥らず、かつ都内に「上がる街」を増やすうえで重要な手段となる。

なぜ国際競争力を高める必要があるのか

日本政府は、東京の一部地域を国家戦略特区に指定して、国際競争力を高めようとしている。いっぽう東京都は、国家戦略特区における再開発などを進めており、グローバルビジネスを展開しやすい環境を着々と整えている。

なぜここまでして、東京の国際競争力を高めようとしているのか。

それは、今後東京を「上がる都市」にするうえで必要だからだ。つまり、これまでの「自治体間競争」から脱するには、国と国の競争に参入せざるを得ないのだ。

残念ながらいまの東京は、他の国際都市と競争するうえで不利な状況にある。都市規模が大きいわりに国際競争力が低いと評価されている。

第1章でもふれたように、東京はとてつもない規模の都市だ。世界最大の人口を誇るメガシティであるだけでなく、その経済規模は世界一だ。

ただし、アジアを代表する国際都市とはかならずしも言えない。東京を訪れる外国人観光客数は、近年増加傾向にあるとはいえ、ロンドンやパリ、ニューヨークには及ばないし、香港やシンガポールにも及んでいない。A・T・カーニーの調査（2018年）によれば、グローバル都市指標（GCI）は4位で世界トップクラスであるいっぽうで、将来の発展を見越したグローバル都市展望（GCO）は14位で、5位のシンガポールに及んでいない。

つまり東京は、世界の他都市とくらべると、将来発展する可能性に関しては低い評価を受けており、GDPランキングのように上位をキープできていないのだ。これからアジアの新興国が発展し、力をつけていけば、東京の国際競争力はさらに低下する恐れがある。

だからこそ、国際競争力を高める必要がある。東京は今後、海外のライバル都市と競争しないと生き残っていけないのだ。

では、どうすれば東京の国際競争力を高めることができるのだろうか。ここでは次の3つについて考えてみよう。

■都市の魅力を発信する
■外国人が住みやすい環境を整える
■24時間活動できる街をつくる

都市の魅力を発信する

都市の魅力を発信することは、国際競争力を高めるうえでの第一歩だ。東京という都市を世界に広く知ってもらい、観光に来てもらうことが、のちに「東京で暮らし、働きたい」と思う外国人を増やすことにつながるからだ。

ただし、東京と同じことを考えているライバル都市は海外に存在する。とくに、これまで多くの人種を受け入れてきたニューヨークやロンドン、パリなどは、観光都市としてだけでなく、国際ビジネス都市としての顔も持っており、他国から多くの人を惹きつけている。

外国人が住みやすい環境を整える

東京でより多くの外国人に働いてもらうには、国籍を問わず住みやすい環境を整えることが必要だ。それには、住む場所を提供するだけでなく、インタナショナル・スクールや、外国語が通じる病院、教会などの宗教施設、外国食材が手に入る店舗などを設ける必要がある。

とくに住む場所を提供するには、大きなネックがある。日本の賃貸物件には敷金・礼金といった独特な制度があり、連帯保証人がいないと契約できない場合が多い。

そのため、外国人が入居しやすい賃貸物件を増やす必要がある。第2章で紹介した西葛西や西川口に外国人が多く住むようになったのは、交通の便がよいだけでなく、外国人が入居しやすいURの賃貸物件が集中していることが大きく関係している。

連帯保証人がいなくても借りられる賃貸物件を増やすことは、外国人だけでなく、高齢者が住みやすい街をつくることにもつながる。とくに東京では、これから単身高齢者が増えると予想されているので、こうした賃貸物件を増やすことは必要になるだろう。

24時間活動しやすい街をつくる

グローバルなビジネスを展開しやすくするには、24時間活動できる街をつくることが必要になる。時差がある海外のビジネス拠点とテレビ会議などを実施し、リアルタイムでコミュニケ

写真5-1｜24時間都市であるニューヨークのタイムズ・スクエア。深夜まで人通りが絶えない

ーションをとるには、深夜でも活動しやすい環境を整える必要があるからだ。とくにＩＴ企業では、アメリカのシリコンバレーと密に連絡を取り合う必要があるので、昼夜が逆転した生活を送る人が多い。

その点、渋谷や六本木は、繁華街が発達したこともあり、すでに24時間活動できる街になっており、多くの外資系企業やＩＴ企業が集まっている。今後は東京でこうした街を増やすことが求められる。すでに国家戦略特区に指定されている虎ノ門は、その有力候補であり、グローバルビジネスの拠点になることが期待されている。

もちろん、このような街をつくることに対しては反対意見もあるだろう。「夜に活動する人が増えて街の治安が悪くなる」とか「昼夜逆転した生活は健康によくない」、「長時間労働を助長する」など、24時間都市のデメリットを主張する人はたしかにいる。

ただ、これからは東京が他の国際都市と競争しないと生き残れない時代になる。すでに24時間都市になっているニューヨークやロンドンなどの都市に対抗するには、東京も24時間都市になる必要がある（写真５－１）。それゆえ政府や東京都は、東京に24時間活動できる街をつくろうとしている。

5・2 東京の交通に求められることはなにか

東京が、ここまで述べたような国際都市になるには、それに適した交通を整備する必要がある。外国人でも交通機関を利用しやすくして、「人」や「モノ」がスムーズに流れる都市を実現することは、国際競争力を高めるうえでも重要なことだからだ。

そこでこれからの交通に必要になるのが、「利便性向上」と「新時代への対応」だ。具体的にいうと、おもに次のようなものがある。

■利便性向上

ⓐ混雑緩和

ⓑバリアフリー化

ⓒ案内の多言語化

ⓓ空港アクセスの改善

ⓔ公共交通24時間化

■新時代への対応
ⓕＩＴへの対応
ⓖ維持管理の作業の省力化・効率化
ⓗ自動運転化・ドライバレス化

それぞれかんたんに説明しよう。

東京の交通に多く残る「利便性向上」の余地

ⓐの「混雑緩和」は、鉄道や道路を整備して、都市全体の交通処理能力を高めることを指す。現在、東京圏における鉄道の新線建設は、相鉄直通連絡線を除いて一段落しているが、既存の鉄道の施設を改良して混雑緩和を図ることはまだまだ必要とされている。また、東京の最大の弱点ともいうべき渋滞を緩和するには、幹線街路の整備だけでなく、首都高などの既存の道路の改良も必要となる。

「混雑緩和」は、東京の交通にとって大きな課題であるため、第2章や第4章で述べたような対策が現在進められている。

ⓑの「バリアフリー化」は、公共交通機関を誰もが利用しやすくすることを指す。高齢化だけで

なく、外国人の増加に対応するうえでも必要だ。近年は東京圏の鉄道駅でエスカレータやエレベータを設置するだけでなく、車両とホームの段差を小さくしたり、車椅子やオストメイトに対応したトイレを設置するなどの対策が進められている。

ⓒの「案内の多言語化」は、ⓑの「バリアフリー化」の一つであり、日本語が読めない外国人が公共交通機関を使えるようにするうえで必要だ。日本の鉄道では、もともと案内看板などに日本語と英語が併記されているが、近年は韓国語や中国語も併記する例が増えつつある（写真5－2）。また、東京圏の鉄道駅では、さらに多くの言語に対応した自動券売機が設置されたり、駅ナンバリング（アルファベットと数字で駅を判別できる）が導入されたりしている。ただ、駅で迷っている外国人をよく見かけることを考

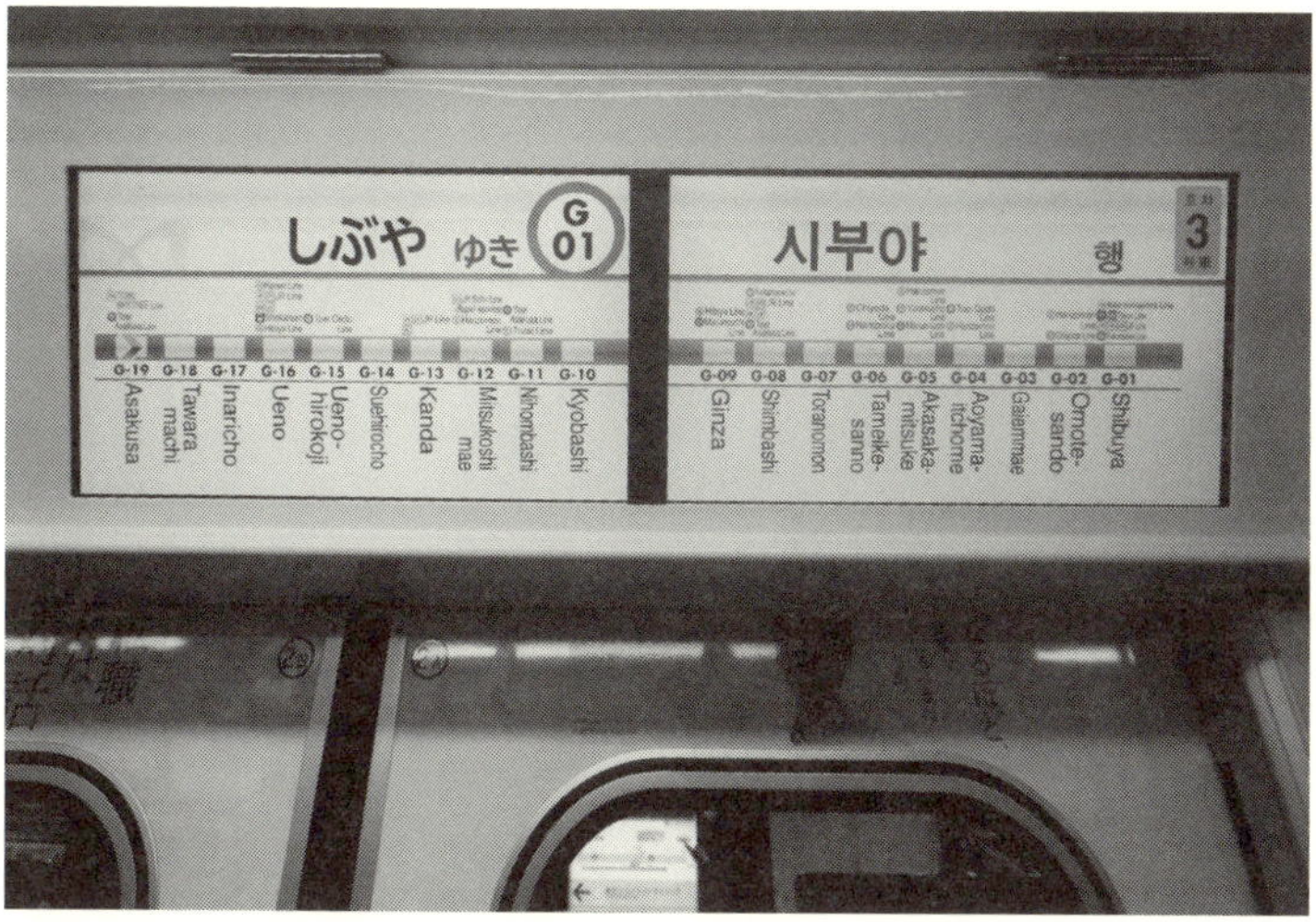

写真5-2｜4ヶ国語に対応した車内案内表示板（東京メトロ銀座線）

えると、もう少し外国人の視点で案内看板の改善を図る必要があるだろう。

なお、首都高では、早期から路線と出入口（インターチェンジ）のナンバリングが実施されていた。近年は日本語に不慣れな外国人ドライバーへ配慮するため、東名高速道路は「E1」、東北自動車道は「E4」、圏央道は「C4」というように、NEXCOでも路線を識別するナンバリングが実施されるようになった。

ⓓの「空港アクセスの改善」は、東京都心・羽田空港・成田空港をそれぞれ結ぶ交通をより使いやすくすることを指す。近年は、羽田空港の発着枠の拡大や、成田空港におけるLCCの発着数の増加にともない、深夜・早朝に各空港を発着するバスが運行されるようになり、便利になった。今後羽田空港の深夜の発着枠がさらに拡大すれば、都心と羽田空港を結ぶバスを24時間運行すること

写真5-3｜都営バス終夜運行の社会実験は、渋谷-六本木間で実施されたことがある

が必要になるだろう。

ⓔの「公共交通24時間化」は、前述した「24時間活動しやすい街をつくる」うえで必要なことであるが、残念ながら東京では実現していない。厳密に言うと、東京都交通局が、2015年度に渋谷－六本木間で都営バスの終夜運行の社会実験をしたが、利用者数の低迷を理由にこれを中止したという実績がある（写真5－3）。ただ、欧米やアジアの主要都市で公共交通の24時間化がすでに実現していることや、前述した空港アクセスの24時間化が求められている現状から考えると、渋谷－六本木間での失敗を生かして、バスの終夜運行を再度検討する必要があると筆者は考える。

高度情報化や少子高齢化などの「新時代への対応」

ⓕ「ＩＴへの対応」は、交通をネット社会に適応させることを指す。具体的に言えば、駅や車内でＷｉ－Ｆｉが使えるようにするだけでなく、列車やバスの運行情報やチケットをスマートフォンで入手できるようにすることだ。残念ながら東京では、海外の主要都市とくらべるとこうした取り組みが遅れているので、早期に対応する必要がある。

ⓖの「維持管理の作業の省力化・効率化」は、生産年齢人口の減少にともなう人手不足に対応しながら、交通インフラを維持するために必要とされることだ。もちろん、その点検や補修などの作業は人間の力によるところが大きく、省力化や効率化を図ることが難しいが、今後は少ない労働者

で交通インフラを支えられるようにする工夫が不可欠になるのは確かであろう。

ⓗの「自動運転化・ドライバレス化」は、列車や自動車を運転する労働者（ドライバー）の負担を軽減したり、ドライバーそのものをなくすことを指す。第4章でふれたように、列車のドライバレス化や、高速道路における自動運転車への対応はすでに検討されている。技術的には、自動車よりも列車の自動運転のほうが容易であり、「ゆりかもめ」のような一部の鉄道ですでに実現しているので、東京圏の鉄道で列車のドライバレス化が当たり前になる日は、案外近いかもしれない。

5・3 交通が変わることで東京も変わる

東京は交通の整備が遅れた都市である

さあ、ここでもう一度、第1章や第2章で述べた東京や交通の歴史を振り返ってみよう。

東京は、都市規模に対して交通の整備が遅れた都市だ。もちろん、鉄道や道路の整備は長い時間をかけて進められてきたが、戦後における急激な人口の伸びには追いつかず、交通処理能力が足りない状況が常態化している。満員電車や渋滞という問題がいまも解決していない。当然のことながら皆がその解決を望んでいるが、いつ解決するかは誰もわからない。とくに道路における渋滞は、救急車や消防車などの緊急車両の動きを制限してしまうため、人命救助や防災においても大きな課題となっている。

東京で人口減少が進めば、都市全体の交通需要が低下し、満員電車や渋滞の問題もある程度緩和するかもしれないいっぽうで、労働者が不足し、交通インフラの維持が難しくなる可能性がある。つまり、都市を流れる「人」や「モノ」の数が少なくなっても、新たな問題が浮上してくるのだ。では、東京は今後どうすれば持続的な発展ができるのか。いまはそれを考えるよい時期だろう。

交通の未完成さは将来への「伸びしろ」だ

交通整備の遅れは、かならずしも悲観することではない。その遅れは、都市そのものを変える「伸びしろ」だと考えられるからだ。それゆえ、交通の課題を少しずつ解決していくことが、東京が新たな姿に生まれ変わるための大きな力になると考えられる。

もし東京で「人」や「モノ」がいまよりもスムーズに流れる社会が実現すれば、東京はもっと便利かつ魅力的な都市に生まれ変わる。そう考えると、いま東京や交通で起きている変化は、その日に近づくためのプロセスだと言えるのではないだろうか。

謝辞

本書は、多くの方のお力添えによって完成した。まず、第4章で紹介したＪＲ東日本と東京メトロ、そして首都高会社の方々には、ご多忙のなかインタビュー取材だけでなく、情報提供やディスカッションにも応じていただき、本書を執筆するうえでの多くのヒントを与えていただいた。一般財団法人運輸総合研究所には、研究で得られた貴重なデータをご提供いただいた。国土交通省関東地方整備局の方々には、本書をまとめるのに参考になるアドバイスをいただいた。そして草思社の社長である久保田創さんには、前著の『東京道路奇景』や『日本の鉄道は世界で戦えるか』に続き、本書の編集にご尽力いただいた。この場をお借りして厚く御礼申し上げます。

２０１９年１月　川辺謙一

おもな参考文献と図版出典

第1章

［1─1］中村英夫・家田仁編著、東京大学社会基盤学教室著『東京のインフラストラクチャー・巨大都市を支える』第2版、技報堂出版、2004

［1─2］矢島隆・家田仁編著『鉄道が創り上げた世界都市・東京』計量計画研究所、2014

［1─3］武部健一著『道路の日本史』中公新書、2015

［1─4］SUUMOウェブサイト「住みたい街ランキング・関東」、https://suumo.jp/edit/sumi_machi/2018/kanto/

表1─1：［1─4］を参考に作成

第2章

［2─1］首都高速道路公団『首都高速道路公団事業のあらまし』、1961

［2─2］ワトキンス調査団『日本国政府建設省に対する名古屋・神戸高速道路調査報告書』、1956

［2─3］首都高速道路公団『首都高速道路二十年史』、1979

［2─4］三浦展『東京は郊外から消えていく！』光文社新書、2012

［2─5］東京都『都民ファーストでつくる「新しい東京」』、2016・12

［2─6］東京都都市整備局ウェブサイト『都市づくりのグランドデザイン』2018・3・26更新 http://www.toshiseibi.metro.tokyo.jp/keikaku_chousa_singikai/grand_design.html

[2―7] 河合雅司著『未来の年表』講談社現代新書、2017
[2―8] 国土交通省関東地方整備局ウェブサイト「首都圏における交通ネットワークの整備」
http://www.ktr.mlit.go.jp/honkyoku/road/3kanjo/history/index.htm
[2―9] 国土交通省ウェブサイト「圏央道茨城県区間全線開通後の整備効果」2018・11・21付
http://www.ktr.mlit.go.jp/ktr_content/content/000688229.pdf
[2―10] イオンモールウェブサイト「施設のご案内」2018・12・27閲覧
https://www.aeonmall.com/mall/lists
[2―11] 東京都建設局ウェブサイト「東京都都市計画道路環状2号線事業概要」2015・3付
http://www.kensetsu.metro.tokyo.jp/content/000005397.pdf
図2―1：[2―1]、写真：[2―2]（2001年発行の復刻版に東京の写真であることが記されている）、図2―2：[2―3]を参考に作図、図2―4：[2―5]、図2―7：[2―8]、図2―8：[2―9]、図2―9：[2―10]を参考に作図、図2―11：[2―11]を参考に作図

■第3章

[3―1] 東京都総務局行政部ウェブサイト「2050年までの地域別将来人口推計結果（500mメッシュ）の概要」
http://www.soumu.metro.tokyo.jp/05gyousei/01jichiken500mesh.html
[3―2] 国立社会保障・人口問題研究所「日本の地域別将来推計人口（2018年推計）」
http://www.ipss.go.jp/pp-shicyoson/j/shicyoson18/1kouhyo/gaiyo.pdf

［3―3］伊東誠・運輸総合研究所「東京圏の駅乗降人員の変化とその要因―郊外部の全駅を対象として―」2016・12・13付　http://www.jterc.or.jp/document/2016/20161213_presentation_ito.pdf
図3―1〜4：［3―1］、図3―5〜6：［3―2］、図3―7：［3―3］

■第4章

［4―1］相鉄・JR直通線／相鉄・東急直通線ウェブサイト「相鉄・JR直通線」
http://www.chokutsusen.jp/info/soutetsu_jr/index.html

［4―2］東日本旅客鉄道『JR東日本グループ経営ビジョン「変革2027」』2018・7・3付
図4―2：［4―1］を参考に作図、図4―3：［4―2］を参考に作図、図4―5および図4―7〜13：東京メトロ提供、図4―14〜16：首都高会社提供

特記以外の写真：筆者撮影

本文デザイン◦Malpu Design（佐野佳子）

著者略歴――――
川辺謙一　かわべ・けんいち
交通技術ライター。1970年三重県生まれ。東北大学大学院工学研究科修了後、メーカー勤務を経て独立。高度化した技術を一般向けに翻訳・紹介している。著書に『東京道路奇景』『日本の鉄道は世界で戦えるか』（以上、草思社）、『オリンピックと東京改造』（光文社）、『東京総合指令室』（交通新聞社）、『図解・燃料電池自動車のメカニズム』『図解・首都高速の科学』『図解・新幹線運行のメカニズム』『図解・地下鉄の科学』（以上、講談社）など多数。本書では図版も担当。

東京　上がる街・下がる街
――鉄道・道路から読み解く巨大都市の未来

2019年3月4日　第1刷発行

著　者　川辺謙一
装幀者　Malpu Design（清水良洋）
発行者　藤田　博
発行所　株式会社 草思社
〒160-0022　東京都新宿区新宿1-10-1
電話　営業 03(4580)7676　編集 03(4580)7680

本文組版　株式会社 キャップス
印刷・製本　中央精版印刷 株式会社

ISBN978-4-7942-2382-1 Printed in Japan　検印省略

草思社刊

東京道路奇景

川辺謙一 著

上下8層にも及ぶ多層構造。墓地やグラウンドの下を通る道――。道路が織りなす奇妙な風景から、東京という都市の「伸びしろ」が見える！　図版写真100点以上。

本体 1,600円

日本の鉄道は世界で戦えるか

国際比較で見えてくる理想と現実

川辺謙一 著

「世界一」というのは思い込みに過ぎない。日本の鉄道は特殊すぎて、世界で役立つ場所が見つからない――。日英仏独米を徹底比較、日本の鉄道の立ち位置を探る！

本体 1,700円

新装版　江戸の町　上・下

内藤昌 著
穂積和夫 絵

ロンドンやパリを抜いて世界最大の都市だった江戸の町。自然の地形をたくみに活かした都市づくりから、独自の文化が花開いた豊かな生活まで豊富なイラストで図説。

本体各 1,600円

【草思社文庫】絵で見る　明治の東京

穂積和夫 著

建築イラストの第一人者が絵と文で再現した明治の東京。築地ホテル館、鹿鳴館、浅草十二階、新橋ステーションなど主要建物を網羅。遊び、服装など風俗も活写。解説・鹿島茂。

本体 1,000円